Bauwelt Fundamente 128

Elisabeth Blum

Schöne neue Stadt

Wie der Sicherheitswahn die urbane Welt diszipliniert

Bertelsmann Fachzeitschriften
Gütersloh · Berlin

Birkhäuser – Verlag für Architektur
Basel · Boston · Berlin

Herausgeber und Verlag danken der Merckschen Gesellschaft für Wissenschaft und Kunst, Darmstadt, für die Förderung dieser Publikation.

Umschlagvorderseite: Foto: Rosanna Blum

Umschlagrückseite: Foto: Elisabeth Blum

Bibliographische Information der Deutschen Bibliothek
Die Deutsche Bibliothek verzeichnet diese Publikation in der Deutschen Nationalbibliographie; detaillierte bibliographische Daten sind im Internet über http://dnb.ddb.de abrufbar.

Der Vertrieb über den Buchhandel erfolgt ausschließlich über den Birkhäuser Verlag.

Bertelsmann
Fachzeitschriften

Eine Kooperation im Rahmen der Fachverlagsgruppe
Springer Science+Business Media

Gedruckt auf säurefreiem Papier, hergestellt aus chlorfrei gebleichtem Zellstoff. TCF ∞

Printed in Germany
ISBN 3-7643-6250-2

9 8 7 6 5 4 3 2 1 http://www.birkhauser.ch

Inhalt

«Die physiologische Not in dem Sinne, daß es der Person selbst und ihrer Familie an den Mitteln zum Leben fehlte, galt als ein Fall, in dem unter allen Umständen geholfen werden mußte. In den theologischen Disputen jener Zeit wird auch die Ansicht vertreten, daß im Falle ‹äußerster Not› selbst der Diebstahl kein Verbrechen sei, sondern die Durchsetzung eines Rechts, das dem Armen zusteht.»

Bronislaw Geremek, Geschichte der Armut, über dieHaltung der Dekretisten des 12. Jahrhunderts

«Die Usurpatoren wählen immer solch unruhige Zeiten oder führen sie herbei, um, vom öffentlichen Entsetzen begünstigt, zerstörerische Gesetze durchzusetzen, die das Volk ruhigen Blutes nie annehmen würde. Die Wahl des Zeitpunkts für die Errichtung ist eines der sichersten Merkmale, an dem man das Werk des Gesetzgebers von dem des Tyrannen unterscheiden kann.»

Jean-Jacques Rousseau, Du contrat social ou Principes du droit politique. Gesellschaftsvertrag (1762), Zweites Buch

George Orwell zum Hundersten (2003)
Jewgenij Samjatin zum Hundertzwanzigsten (2004)

Ein großer Spickzettel „Ich habe immer nur geschrieben, um bei Themen, die mich fesselten, die ich aber nicht zu fassen bekam, klarer zu sehen. War mir das meiner Meinung nach gelungen, konnte ich gar nicht anders, als dies auch schriftlich niederzulegen – ungefähr so, wie man sich einen Spickzettel schreibt oder einen Knoten ins Taschentuch macht.“[1]

Daß die folgenden Seiten mit diesen von Clément Rosset geborgten Sätzen beginnen, hat diesen einfachen Grund: Mit dem Bild des Spickzettels im Kopf ließen sich meine Überlegungen und Kommentare zu unzähligen Artikeln, Notizen und Exzerpten in eine Form bringen – wenn auch nicht in einen geschlossenen Begründungszusammenhang, so doch in eine Form, deren Gliederung die Vorläufigkeit der Anordnung spiegelt, das Bruchstückhafte und Diskontinuierliche der Beobachtungen.

Der Text ist nicht in der Hoffnung geschrieben, daß er am Fortgang des mächtigsten Diskurses irgendetwas zu verändern vermöchte, vielmehr um eine Art Porträt zu skizzieren, das die Züge eines gesellschaftlichen Umbaus festhält, dem die Individuen genauso wie die Stadt preisgegeben sind.

So versammelt dieser Essay Szenen und Reflexionen zu einer beinahe im Verborgenen vor sich gehenden, nichtsdestoweniger radikalen Veränderung unserer Beziehung zu Räumen. Er folgt dem unerwarteten Siegeszug des *Kultbegriffs Sicherheit* durch die unterschiedlichsten Räume und Maßstäbe – von der Stadt bis in die geheimsten Winkel des Fühlens – und identifiziert ihn als Element eines so produktiven wie destruktiven Spaltungsdiskurses, der den *strukturellen Rassismus*[2] ebenso befördert, wie er die Umsätze der Sicherheitsindustrie boomen läßt. Er dokumentiert die praktische Umsetzung eines Paradigmenwechsels: *Weg von der Freiheit – hin zur Sicherheit.* Fluchtpunkt der Überlegungen ist nicht nur die Pervertierung und Verdrehung von Begriffen und die daraus folgende stetige Verschiebung ihrer Bedeutung, sondern auch die Beobachtung, daß totalitäre Praktiken wie selbstverständlich die Machtstrukturen der noch immer demokratisch genannten Gesellschaften zu durchsetzen beginnen. Für meine Überlegungen waren

Michel Foucaults *Überwachen und Strafen* ebenso unentbehrlich wie die *strukturellen* Befunde des dritten Kapitels von Hannah Arendts *Elemente und Ursprünge totaler Herrschaft* sowie von Saul Friedländers Arbeit *Kitsch und Tod.*
Nicht zuletzt geht es mir um die einfache Frage, wie die Liebe zur Stadt, die immer auch der Attraktivität des undurchdringlich Anonymen und Anarchischen gilt, sich mit einem Sicherheitswahn verträgt, der allmählich dazu beiträgt, diese Liebe zu zerstören.

Am konkret-utopischen Horizont Wo man hinsieht und hinhört, vervielfachen sich, so unheimlich wie verführerisch, die Umschlagplätze für ‚utopische' Konstruktionen. Die Welt ist voller Projekte, die jeden noch verbliebenen Zwischenraum füllen – jedoch ohne Entwürfe, die ausräumen und Platz für Bewegungsfreiheit schaffen. Bereits wenige Monate intensiven Durchforstens allein der deutschsprachigen Feuilletons und Wissenschaftsseiten reichen hin, um einen beachtlichen Stapel an Kommentaren und Berichten zusammenzutragen, die Bildern zukünftiger Körper, Organe und Zellvorgänge gelten. Begriffe bekommen neue Konturen, die die Grenzen der Bewegungen, der Gesten, des Verhaltens neu abstecken. Aber auch Bilder zukünftiger gesellschaftlicher Räume werden umrissen, ihre Ausstattung und Kontrolle, anscheinend idyllische Inseln entworfen und gebaut, die Glücksvorstellungen anders definieren, die Umrisse des Wünschbaren neu ziehen und soviel Aufhebens davon machen, daß das, was dabei auf dem Spiel steht, hinter all den Beschwörungen Zug um Zug zu verschwinden droht.
Der Begriff des *Utopischen* hingegen bleibt tabuisiert. Zugleich wird kein anderer Begriff derart erfolgreich von der Realität eingeholt und gleichermaßen verleugnet. Es ließe sich geradezu behaupten, daß das altbekannte utopiefeindliche Argument – man solle sich doch nicht in lächerlichen Wunschvorstellungen verlieren, besser auf dem Boden der Tatsachen bleiben – nur verschleiern soll, daß am *konkret-utopischen* Horizont unbemerkt mit vollen Kräften weitergearbeitet wird. Wie soll man sich das erklären? Der

Widerspruch wurzelt im Vergessen einer sprachlichen Unterscheidung. Um das von Schimpf und Schande verunglimpfte Utopische für die Diskussion zu retten, hat Ernst Bloch den Begriff des „Konkret-Utopischen“[3] oder Realutopischen, John Rawls später den der „realistischen Utopie“[4] gebraucht. Zwischen den Begriffen des *Utopischen* und des *konkret-* oder *realistisch-Utopischen* tut sich allerdings ein Abgrund auf. Den Zugang zum öffentlichen Diskurs haben beide Begriffe nicht geschafft.
Durch die Kategorie des „Noch-nicht“ oder des Konkret-Utopischen hat Bloch die Grenze zwischen Wirklichkeit und Utopie durchlässig gemacht. Sein Begriff „konkrete Utopie“ steht für die Weigerung, die alte Unvereinbarkeit zwischen Wirklichkeit und Fiktion stehen zu lassen. Die ehemals starre Grenze hat er in einen beweglichen, offenen Horizont verwandelt. Dort, in den höchst labilen Berührungszonen von Realität und Fiktion, lassen sich Denken, Vorstellen, Entwerfen in anderer Weise ansiedeln: Hier liegt das Feld aktueller theoretischer wie praktischer Auseinandersetzungen, Vorstellungen und Vorschläge. Wer Blochs Vokabular nicht erträgt, mag sich leichter mit einem Satz aus Karl Heinz Bohrers und Kurt Scheels Vorwort zum *Merkur*-Sonderheft „Zukunft denken. Nach den Utopien“ anfreunden: „‚Zukunft denken‘ bedeutet, der Gegenwart eine Tendenz zu geben, die sich quasi naturwüchsig einstellen möge.“[5]

Öffnen oder schließen? Utopien, so wird vorschnell – ohne die Unterscheidung zum Realutopischen mitzudenken – geschlossen, bewahrheiten sich in der Regel nicht. Dies nicht ausschließlich der Begriffsdefinition wegen, die eigentlich gar nichts anderes zuließe als ein Land, das nirgends ist. Der U-Topos – oder Nicht-Ort – liegt jenseits der Grenzen des Erreichbaren: im Reich der Imagination, des absoluten Plans, der gesellschaftlichen, philosophischen, literarischen, filmischen Fiktion. Daß Utopien, allen voran die Klassiker – Platons *Der Staat*, Thomas Morus‘ namensgebendes *Utopia*, Tommaso Campanellas *Der Sonnenstaat*, Francis Bacons *Neu-Atlantis*[6] –, und, zugespitzter, die des zwanzigsten Jahrhun-

derts, Jewgenij Samjatins *Wir*[7], Aldous Huxleys *Schöne neue Welt*[8], George Orwells *1984*[9], so eindeutig im U-Topos angesiedelt bleiben, liegt am radikal naiv konstruierten Verhältnis zwischen *sich eröffnenden* und *sich schließenden* Möglichkeiten in den jeweils beschriebenen Szenarien. Die auffällig reduzierten Typiken des Baus utopischer Projekte sind scharf gezeichnet und treten profiliert hervor. Es wird eine dominante Achse formuliert, entlang welcher künftige gesellschaftliche Verhältnisse umgebaut und neu arrangiert werden sollen: so die krasse Verschiebung öffentlicher Überwachung bis ins Privateste bei Samjatin und Orwell, bei Huxley die maßgeschneiderte Neukonstruktion der gesellschaftlichen Basis-Bausteine (Menschen), die sich im idealen Arrangement aller Einzeltätigkeiten zum idealen Gesellschaftskörper vereinigen sollen. In diesen Beispielen ist es die extrem zugespitzte Darstellung dessen, was sich jeweils an Möglichkeiten eröffnet oder schließt, was Glück oder Schrecken verbreitet, Anziehung oder Flucht bewirkt.

Gedrosseltes Glück So kann die Rigidität der Huxleyschen Perspektive leicht und sehr schnell klarmachen, daß trotz oder gerade wegen der radikalen Verengung des finalen Blicks, der dem jeweiligen Umbauplan zugrunde liegt, die Eröffnung der angestrebten Vorzüge niemals die dadurch produzierten Verluste wettmachen kann. Im Gegenteil: Die als segensreich beschworenen Gewinne tragen alle Züge einer Unheilsverkündung. Der neu konzipierte Mensch bei Huxley – so konstruiert, daß er an seinem vorbestimmten Platz in der gesellschaftlichen Ordnung glücklich sein soll – erweist sich offensichtlich umgehend als das, was er ist: manipuliert und dirigiert, also jeglicher Autonomie beraubt. Die Idee des Umbaus zeigt sich ausschließlich im Lichte des *einen* dominanten Interesses, dem alle individuelle und gesellschaftliche Vielfalt zum Opfer fällt. Die Verletzung oder Abschaffung der ohnehin schon begrenzten Autonomie des Individuums steht in keinem – oder eben in einem u-topischen – Verhältnis zur Schaffung des neuen Wertes: des gedrosselten, in seiner Labor-Entstehung um Sauer-

stoffeinheiten betrogenen neuen Menschen, der, auf diese Weise dumpf genug gemacht, sein gezügeltes Glück genießt.
Die Dialektik von Öffnen und Schließen liegt allerdings nicht allein der traditionellen Unterscheidung von positiven Utopien (Paradiesformeln) und negativen Utopien (Schreckenswelten) zugrunde. Auch die konkret- oder realutopischen Projekte, die sich heute aus dem äußerst produktiven Diskurs rund um den *Kultbegriff Sicherheit* entwickeln, bewegen sich innerhalb dieser dialektischen Klammer, mit dem entscheidenden Unterschied allerdings, daß diese Öffnungs- und Schließungsverhältnisse in den gegenwärtigen Projekten und Praktiken nicht *offensichtlich* in Erscheinung treten. In den vor unseren Augen sich entwickelnden Umbauprojekten (Individuum, Stadt) beziehungsweise in der Art, wie se öffentlich kommuniziert werden, droht die Wahrnehmung der mit ihnen verbundenen Verluste, des Abbaus individueller und demokratischer Freiheiten kontinuierlich zu verschwinden. Für die öffentliche Billigung von Vorschlägen, für deren Realisierung ist entscheidende Voraussetzung, daß das Verhältnis zwischen Gewinnen und Verlusten in der öffentlichen Darstellung verschleiert bleibt.

Verschleiern Dies geschieht auf zweierlei Weise: dadurch, daß *erstens* die Dialektik *aufgespalten* wird, daß im öffentlichen Diskurs Möglichkeiten eröffnende Aspekte hervorgehoben, in eine zwingende Folgerichtigkeit gebracht und Verluste als zu vernachlässigende behandelt werden; *zweitens* dadurch, daß die entsprechende Kommunikationsstrategie *unauffällig* bleibt. Dem kommt entgegen, daß die Angriffsmomente konkret-utopischer Projekte heute dezentriert, das heißt, allüberall wirksam sind. Daß es sich also gerade nicht um ein zentral gesteuertes Projekt handelt, sondern um unendlich viele Interessen, die, loser oder enger miteinander verbunden, von unendlich vielen Punkten aus einem *dominanten* Diskurs unterliegen, der so produktive wie hilfreiche und zugleich zerstörerische Auswirkungen hat, indem er die massiven Risse, die er dem demokratischen Rechtsgefüge zufügt, mit den angeblichen Vorzügen des Faktischen schließt. Was dem Sicher-

heitsdiskurs aber dennoch totalitäre Züge verleiht, ist sein gründliches Desinteresse an dieser Dialektik und die Tatsache, daß er nicht nur demokratischer Diskussion, Entscheidung und Kontrolle entzogen bleibt, sondern ebenso, wie Hannah Arendt am Beispiel totalitärer Systeme erläutert hat[10], sich gerade demokratischer Freiheiten bedient, um dieselben zu beseitigen.
In diesem Essay, der hier und da auf bereits verstreut Publiziertes zurückgreift, geht es nicht um Utopisches, sondern um Beobachtungen am konkret-utopischen Horizont – um Beobachtungen in jenen Zonen also, wo der Sicherheitsdiskurs sich unentwegt in konkrete Instrumente und Ereignisse der Alltagsrealität übersetzt. Dort, in den Schattenzonen des Verschleierns, sucht der Essay die fehlende Doppelperspektive einzuziehen und das Augenmerk auf die Verlustseite der neuen Möglichkeiten und Gewinne zu richten. Auf das, was wegbricht oder verschwindet. Anders gesagt, er sucht Hinzugewonnenes daraufhin zu beobachten, was es an demokratischer Substanz gefährdet oder vernichtet. Auch für die Verlustseite der sogenannten Gewinne gilt, was Martin Seel für das Utopische gefordert hat: Man soll es nicht nur *wünschen*, sondern gar *wollen* können.[11]
Schließlich soll auch von den raffiniert übersehenen Lücken in der Beschreibung und Kommunikation dieses Geschehens die Rede sein, den Manipulationen in der einseitigen Darstellung des schillernden Begriffs Sicherheit nachgestellt und beobachtet werden, was alles nicht zur Sprache kommt.

Vorab: Was heißt Sprechen? Zu den sichtbaren *und* den im Verborgenen agierenden Hauptfiguren auf den Bühnen der gesellschaftlichen Wirklichkeit gesellen sich neue Begriffe und Losungen, die den öffentlichen Diskurs besetzen. Als Instrumente derer, die sprechen, sollen sie dazu beitragen, die realen Verhältnisse zu unterscheiden, einzuteilen, umzubauen, zu präfabrizieren und neu zusammenzusetzen.[12] Mit ihrer Hilfe werden die Dispositive der Wahrnehmung *verändert* ausgelegt und über differenzierte mediale Filterungsprozesse – Printmedien, Fernsehen, Internet – bis in jeden Haushalt zugänglich und nutzbar gemacht.

Nicht unähnlich denen, die die Schauplätze der Kultur einschließlich der Populärkultur bevölkern, erobern Begriffe die Haupt- oder Nebenschauplätze lokaler, nationaler oder internationaler öffentlicher Diskurse. Vom unauffälligen Geräuschpartikel fortlaufender Gespräche über Momente kurzen Aufflackerns ohne nennenswerte Folgen oder permanente Präsenz in Form der Propagierung anerkannter Werte bis zum Status einer neuen Kultfigur auf der Bühne öffentlichen Sprechens sind die Begriffe in einen Konkurrenzmarkt eingebunden, dem es um das Setzen und die Handhabung von Perspektiven für soziale Wirklichkeiten geht. Um die Definition von Standorten, von denen aus das, was wir Stadt nennen, gesehen und interpretiert wird.

Wenn es um die Veränderung der *Ordnung der öffentlichen Dinge* geht, rückt unverzüglich die *Ordnung der Begriffe* im öffentlichen Gespräch ins Zentrum der Aufmerksamkeit. Allerdings darf man sich diese Aufmerksamkeit keinesfalls als geschlossene Formation planerischer Kräfte vorstellen, die im Dienste eines öffentlich oder geheim gefällten Entscheids ein Umwertungsverfahren einzelner Begriffe dieses Gesprächs in Gang setzen wollen. Es mag sogar sein, daß ein Großteil derjenigen, die darüber entscheiden, welche Begriffe in sozialen, politischen und ökonomischen Umbruchphasen im öffentlichen Diskurs welche Rolle spielen sollen, weiterhin an die Behandlung der Sprache als „Zweckbestimmtheit ohne Zweck“[13], wie Pierre Bourdieu sagt, glauben machen wollen und damit auszuschließen vorgeben, womit sie rechnen: das *Gesell-*

schaftliche der Sprache und des Sprechens, ihre verbindliche Wirkung also.

Malone stirbt Anders als der Protagonist in Samuel Becketts *Malone stirbt* feststellt, daß nämlich seine Notizen leider, wie er endlich begriffen habe, dazu neigten, „alles, was sie sozusagen betreffen sollen, verschwinden zu lassen", sieht es auf der Bühne des öffentlichen Gesprächs nicht nach Bedauern aus, wenn selbst die härtesten Schlagschattengestalten des ins Scheinwerferlicht der Prominenz gehobenen Sicherheitsbegriffs im Unkenntlichen bleiben. Nicht zu reden von deren feineren Nuancen.
So spricht niemand davon, daß mit Überwachungspraktiken – oder Sicherheitsmaßnahmen, wie sie gerne genannt werden – nicht etwa primär Gesetzesübertretungen registriert, sondern Individuen kontrolliert werden. Insbesondere dasjenige an den Menschen, was Foucault im Zusammenhang mit der Verschiebung des Strafens vom Körper auf die „Seele" jene „Schatten"[14] des sichtbaren Menschen genannt hat, die die geltende Normvorstellung über ihn gefährden könnten. Niemand spricht aus, daß die temporäre oder permanente Überwachung die Disziplinierung und Umformung der Menschen zum Ziel hat. Daß Disziplinierung allmählich zum Zustand wird, zur Bedingung der Möglichkeit städtischen Lebens überhaupt.
Es gibt keinen breiten Diskurs darüber, daß gerade die Tatsache, daß Überwachen stets an positive Gegenbilder gekoppelt ist, Freiheiten leicht zu verzichtbaren Größen werden läßt. Es gibt keine öffentliche Diskussion darüber, daß erst die raffinierte Konstruktion solcher Ambivalenzen all diesen Maßnahmen jene schwer durchschaubare Unantastbarkeit verleiht, eben weil das mit ihnen verbundene Gegenbild *auch* gilt. Das Fehlen eines differenzierten öffentlichen Diskurses installiert strukturelle Fallen, Elemente einer autoritären Struktur, die die Akzeptanz oder gar Billigung all dessen fördern und schließlich sichern, was sich im Herrschaftsbereich des Sicherheitsbegriffs situieren läßt.
Die offizielle Stadt- und Sicherheitspolitik thematisiert denn auch normalerweise nicht, daß sich im Spannungsfeld der sich zuspit-

zenden Polarisierung in *Inclus* und *Exclus* ein *spezifisch eingeengter Sicherheitsbegriff*[15] herausgebildet hat. Dieser bezieht sich nicht etwa auf Bedrohtes wie Beschäftigung, Gesundheit, Existenzminimum, Altersversorgung et cetera. Umgekehrt, die Praxis dieses Gebrauchs versucht, wie der in Berkeley lehrende französische Sozialwissenschaftler Loïc Wacquant betont, Elend, soziale Unsicherheit und deren Folgen zu kriminalisieren.[16] Wacquant spricht gar von der „Logik der Exklusion“[17]. Mit der auf diese Weise hergestellten Ausgrenzung der Marginalisierten ist zunehmend nur mehr von der Sicherheit jener die Rede, die sich durch die sozial Schwächsten bedroht fühlen.

Eine Ausnahme: Die Stadt stellt Fragen Im Herbst 2000 fand in Zürich ein außergewöhnliches ‚Gespräch‘ statt. Von den Plakatwänden, in Opern- und Sportprogrammen, im Tram oder im Kino, auf Tischsets und Bierdeckeln las man: „Stellen Sie sich vor, im Opernhaus würden nur Zürcherinnen und Zürcher singen“, oder „Stellen Sie sich vor, in den Zürcher Kinos liefen nur Schweizer Filme“. Alles daran ist außergewöhnlich: Sprecher, Angesprochene und das Medium. Die Stadt selbst ergriff das Wort und wendete sich an ihre Bürgerinnen und Bürger über Medien, die sonst fast ausnahmslos für kommerzielle Zwecke reserviert sind.
Mit vierzehn Sätzen, die alle mit „Stellen Sie sich vor ...“ begannen, wurde vier Wochen lang in einer Weise Politik gemacht, die das Wissen darüber spiegelt, daß die Bedeutung von *öffentlichem Sprechen* nicht nur in den Wörtern selbst liegt, sondern entscheidend davon abhängt, wer in welchem Namen dank welcher Institution, Position oder Stellvertreterfunktion spricht und infolgedessen Anerkennung und Vertrauen genießt. Denn wo es um gesellschaftliche Wirklichkeit geht, haben Auffassungen, die, wie Pierre Bourdieu sagt, „der Sprache und den Vorstellungen ganz allgemein eine eigene symbolische Wirkung auf die Konstruktion der Wirklichkeit“ zusprechen, recht: „Über die Strukturierung der Wahrnehmung [...] trägt das Benennen zur Strukturierung dieser Welt selbst bei, und zwar um so grundlegender, je allgemeiner es anerkannt,

das heißt autorisiert ist."[18] Und da die „Macht der Wörter", um Bourdieu weiter zu folgen, die „delegierte Macht"[19] der Sprecher ist, autorisierte Sprecher – am Beispiel Zürichs der Stadtrat – mit ihren Worten nur deswegen auf „andere Akteure und vermittels ihrer Arbeit auf die Dinge selber einwirken", weil in ihrem Wort „das symbolische Kapital konzentriert ist, das von der Gruppe akkumuliert"[20] wurde, die ihnen „Vollmacht" gegeben hat und deren *„Bevollmächtigte[r]"* sie sind, läuft politisches Engagement in hohem Maße darauf hinaus, *wie* Bourdieus Frage „Was heißt sprechen?" beantwortet wird.

Wie die Macht der Wörter funktioniert Entgegen einer weit verbreiteten Auffassung, derzufolge ausschließlich Architekten, Künstler, Gartengestalter, Lichtplaner, Designer und andere Fachleute des guten Geschmacks für den Stadtraum zuständig sind, arbeiten vielmehr, und mit erheblich größerem Erfolg, diejenigen an der Gestaltung des Öffentlichen, die hier das Wort ergreifen. Sie – ihre Art und Weise zu sprechen und *wie* sie dies tun – sind für das gesellschaftliche Bewußtsein, für das Zustandekommen politischer Stellungnahmen und Reaktionen in den Auseinandersetzungen um Fremdenfeindlichkeit und Rassismus direkt verantwortlich.
Aldo Rossis Buch *L'Architettura della città*[21]verdanken wir die Idee der *primären* oder *permanenten Elemente* einer Stadt, welche ihre Identität und Kontinuität garantieren. Würden Rossis Überlegungen über die gebauten Formen und Gestalten hinaus auf die gesellschaftlichen Beziehungen erweitert, dann müßte öffentliches Sprechen an erster Stelle unter jenen primären Elementen genannt werden, die für *gesellschaftliche* Kontinuität und Identität entscheidend sind. Denn es ist wesentlich die *allmähliche* Gewöhnung an eine bestimmte Art des Sprechens, die dem Gesellschaftlichen seine Kontinuität verleiht.
Die wiederholte Verknüpfung von Wörtern wie etwa *Asylchaos*, *Überfremdung* und *Kriminalität* soll deren inneren Zusammenhang nahelegen – und schließlich bewirken, daß man das eine nicht mehr ohne das andere denken kann. Wer der Sprache eine symbolische

Wirkung auf die „Konstruktion der Wirklichkeit" zuspricht, liegt richtig, da ja mit ihr die Wahrnehmung der – sozialen, städtischen – Realität vorgeprägt wird. *Jugos, Bingos, Spaghettis, Kanaken* – es ist die Art, wie über Fremde gesprochen wird, die die Beziehungen zwischen Einheimischen und Gastarbeitern, Asylsuchenden und auch marginalisierten Einheimischen um so grundlegender prägt, je mehr diejenigen, die öffentlich das Wort ergreifen, als Sprecher autorisiert sind.[22]

Der Kampf um die Macht ist ein Kampf um die Sprache Dieser Titel eines Aufsatzes von Ryszard Kapuściński wird später präzisiert: „Wer das Sagen hat, sagt auch, wie etwas gesagt wird."[23] Wie es scheint eine Binsenweisheit. Und selbst wenn diese Einsicht, wie Kapuściński schreibt, nicht allein für Diktaturen Geltung beanspruchen könne, muß darauf insistiert werden: Wie etwas gesagt wird, darin zeigt sich das Verantwortungsbewußtsein derer, die, während sie sprechen, Maßstäbe dafür setzen, *wie* öffentlich zu sprechen ist.
Als die Schweizer Bundesbehörden für 1998 beschlossen, Tausende von Kriegsvertriebenen und ethnisch Verfolgten zurückzuschicken, nahmen sich Dritte ihrer Sache an. Mit der kleinen Schrift *So viel standen wir durch. Dorthin können wir nicht zurück*[24] ermöglichten Maja Wicki und Anni Lanz einer Reihe von ihnen, ihre Geschichte zu erzählen und zu erklären, warum ihnen eine Rückkehr in ihre Heimatländer unmöglich erschien. Auf diese Weise versuchten sie wettzumachen, was im öffentlichen Diskurs *über* sie verloren ging: Bedrohtsein, Verfolgung, Verlust des eigenen Zuhauses, die Ermordung Angehöriger. Das alles reichte nicht, den Flüchtlingsstatus zu bekommen, denn im politischen Entscheidungsprozeß wurden sie nicht in ihrer existentiellen Situation wahrgenommen, sondern in Begriffen und Definitionen, die gerade zum Verschwinden brachten, was ihre Existenz im besonderen ausmachte. Auf diese Begriffe und Definitionen trifft zu, was Kapuściński über den *Gebrauch* der Sprache sagt: daß sie zur Waffe umfunktioniert werden könne[25], in unserem Kontext zur Waffe der Aggression (gegen die Ernied-

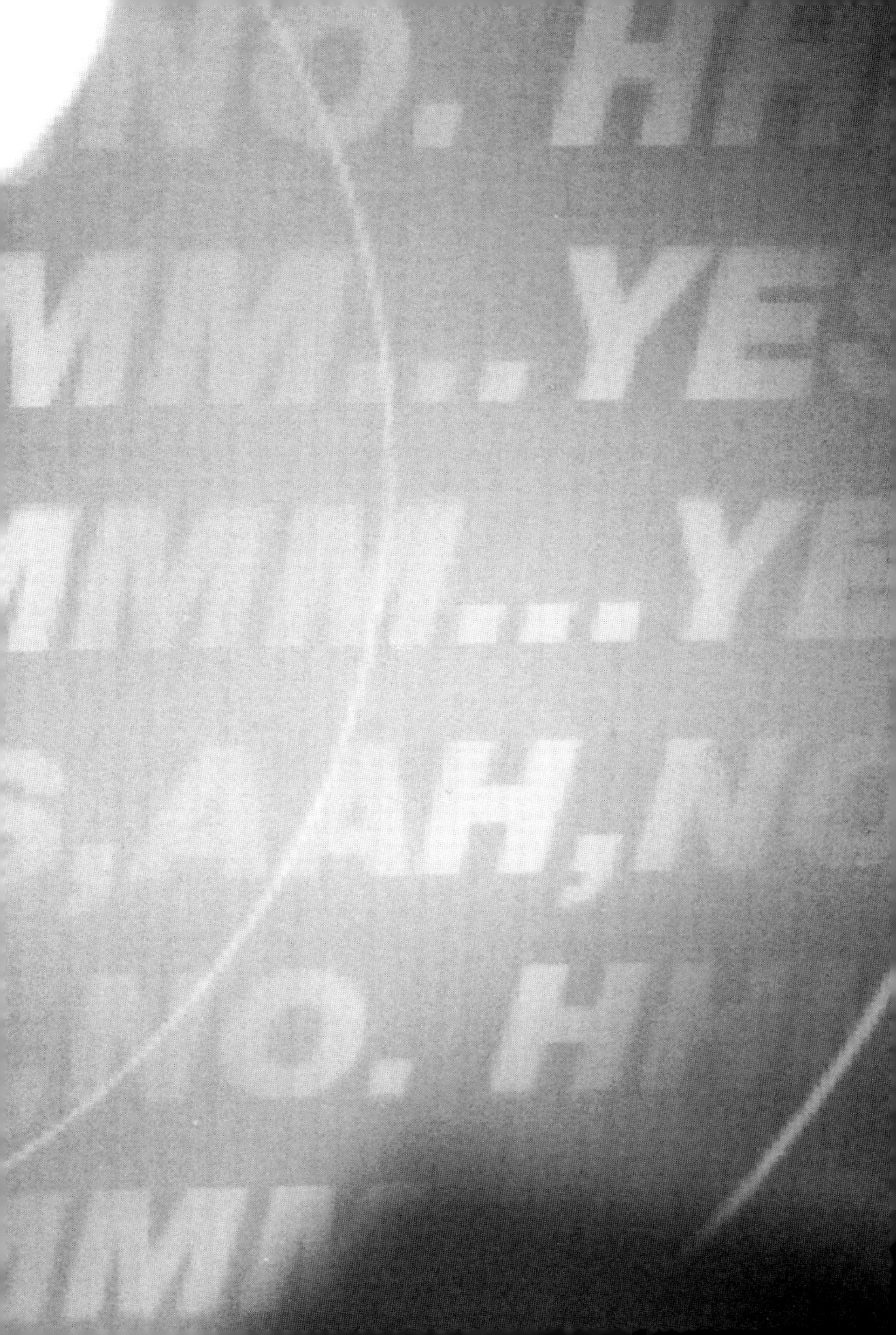

O. H.

MM.. YE

MMM... Y

S AH, I

O. I

MM

rigten), der Nicht-Anerkennung (der spezifischen Form ihrer Existenz), der ungerechten Behandlung.
Der sprachliche Tausch im öffentlichen Gespräch spiegelt hier nicht allein symbolische, sondern reale Machtbeziehungen. Er zeigt, was es heißt, Jahre ohne Stimme in einer Gesellschaft zu existieren, genauer, nicht zu existieren. Denn die zum Sprechen nicht zugelassen sind, haben keine Zuhörer und damit keine Macht. Als vermeintlich gefährliche Unbekannte sind sie dennoch Projektionsfläche für Ängste, Vorurteile und Ressentiments.
Was städtische Wirklichkeit meinen mag, beginnt Kontur anzunehmen, wenn man zunächst über die Grenzen der real gebauten Stadt hinausgeht, den physischen Raum mit dem Vorstellungsraum, die gebaute mit der mental möglichen Stadt in Verbindung bringt und allmählich zu verstehen beginnt, wie weit die wechselseitige Ermöglichung beziehungsweise Behinderung von realer und ‚besprochener' Stadt von den „gesellschaftlichen Bedingungen des Gebrauchs der Wörter"[26] im öffentlichen Gespräch abhängt. Wer wie spricht und wer dazu überhaupt die Möglichkeit hat. Wer in dieser „Ökonomie des sprachlichen Tausches" was wie benennt, was wie kenntlich macht oder in die Schattenzonen des allmählichen Verschwindens abdrängt. Die Konsequenzen sind in jedem Moment im ganz gewöhnlichen Stadtalltag *weltbestimmend*.

Das Verborgene übt einen Zauber aus Mit diesem Satz beginnt Jean Starobinskis *Das Leben der Augen.* Jenseits des vom Autor in seiner Einleitung skizzierten Kontextes, jenseits also der unzerstörbaren Liebe zu den Märchen, deren Schätze „in dunkler Tiefe versteckt und eingeschlossen" und nur jenen Helden zugänglich sind, die ihr Ziel unbeirrbar im Auge behalten und für dessen Eroberung gar ihre Existenz aufs Spiel zu setzen bereit sind; jenseits auch der Tradition der Kritik an der „Leidenschaft für das Verborgene", die in ihr mal die „Lockung des Teufels", mal „die Gottes" gesehen hat, gewinnt die Idee der Leidenschaft für das Verborgene in der profanen Welt des städtischen Alltags eine ganz andere, brisante Aktualität. Jenseits der „Macht der Abwesenheiten"[27], all dessen also, was

durch das Anwesende nur angedeutet oder verstellt präsent ist und deswegen als Versprechen oder Gefahr in irgendeinem Jenseits des Sichtbaren lokalisiert sein muß. Nicht mehr ein geheimnisvolles Inneres oder ein unerreichbar entferntes Abwesendes ist Ziel der Aufmerksamkeit, sondern, umgekehrt, all die alltäglichen Gesten, Handlungen und Bewegungen der Menschen im städtischen Leben. Als würde die ‚psychotherapeutische' Zeit abgelöst von einer Zeit, in der die reichen Gesellschaften beginnen, ihre Aufmerksamkeit auf alles instrumentell Erfaßbare zu richten, alles aufzuzeichnen, zu kontrollieren. Und alle zu disziplinieren.
Daß wir in einer Gesellschaft leben, in der die therapeutischen Praktiken in wenigen Jahrzehnten das Bild der Menschen von sich selbst zu besetzen vermochten, zeigt das ungeheure gesellschaftliche Potential der Neugier jenem Unsichtbaren gegenüber, das sich nach außen hin nur in undeutlich lesbaren Spuren zeigt. Nicht nur aufdringliche Regungen wie Ängste und Phobien, Behinderungen wie Erröten und Stottern sollen in erträglichere oder, anders gesagt, produktivere Formen des Ausdrucks verwandelt werden. Die Sucht des Aufdeckens intimer, brachliegender oder verstellter Möglichkeiten durch Übersetzen in etwas anderes hat die Städte mit einem eigens hierfür entstandenen Infrastrukturnetz überzogen: mannigfaltigste Inseln therapeutischer Intimität im *Stadtgewirr*, Orte im Stadtplan, an denen Traummaterial, Muskelspannungen, Hemmungen und Talente in ‚nützlichere' Formen von Wirklichkeit überführt werden wollen. Innenräume, geschützt vor dem öffentlichen Blick, vor den privat und gesellschaftlich normativen Vorstellungen und Interessen irgendeines ‚comme il faut'. Orte für das zerbrechliche Entblößte, das in Robusteres verwandelt werden soll.

Archive menschlicher Merkmale In den neunziger Jahren des zwanzigsten Jahrhunderts nimmt die „Leidenschaft für das Verborgene" wiederum ganz neue Formen an. In den Städten wird ein weiteres Netz gespannt. Diesmal besteht es aus elektronischen Überwachungsinstrumenten. Jetzt geht es um die Erstellung eines – temporären oder permanenten – Archivs, dessen Materialien nicht eigentlich der Welt des Verborgenen angehören. Im Gegenteil, was die Menschen tun, wenn sie auf die Straße gehen, mit wem sie sich treffen, wieviel Geld sie am Bankomaten abheben, ob sie einer gesuchten Person gleichen, für all dies haben sich bislang nur Detektive oder Fahnder interessiert. Jetzt rücken all diese Alltäglichkeiten ins Zentrum der Frage nach der öffentlichen Sicherheit. Die Stadt selber wird zum Ort des Entblößens. Beinahe alles, was sich im Stadtalltag zutragen könnte, ist a priori von einem umgekehrten, nach außen gerichteten Voyeurismus begehrt. Parallel zu dieser Ausstülpung der Aufmerksamkeiten in den städtischen Raum schreitet die Disziplinierung der Städter voran. Eine Veränderung des Alltags im radikalen Sinn ist im Gange, ein gesellschaftliches Ereignis von einem Ausmaß, das buchstäblich alle trifft, gleich welcher Hautfarbe, welchen Alters, welchen Geschlechts, welchen Aussehens und welcher Position. Es trifft alle unmittelbar, und es verändert ihren Status. Im bislang anonymen städtischen Raum macht sich eine diffuse und doch distanzlose Anwesenheit institutionalisierter Augen breit, die neue Formen von verordneter, aufgedrängter Intimität zu unsichtbaren Instanzen schafft. Ein Gefühl des Ausgeliefertseins entsteht. Und ein neues Zauberwort für die Zukunft der Städte: *Sicherheit*. Gibt man dafür alles her?

‚Menschenmaterial' fürs tägliche Reality-TV Am 8. Januar 1999 hatte der gescheiterte Selbstmörder Jeff Peck aus Newham im Osten Londons seinen zweiten TV- Auftritt – diesmal allerdings nicht ohne seine Zustimmung. Eines Tages hatte er sich irgendwo in der Stadt die Pulsadern aufgeschnitten. Innerhalb weniger Minuten war er von der Polizei überrascht und gerettet worden. Sein erstes Erscheinen auf dem Bildschirm hatte ihn gegen seinen Willen zum bedauernswerten Objekt ganz Englands gemacht. Das war einem jener Sender zu verdanken, die tagtäglich Ausschnitte des stadtweit erbeuteten Videomaterials im Reality-TV verwerten. Die Lieferanten: Stadtverwaltung, Polizei, Besitzer privater Überwachungseinrichtungen. Das Material: ganz gewöhnliche Menschen von der Straße, Herr und Frau Jedermann. Daß auch Jeff Peck von seinem ersten TV-Auftritt nichts wußte, hat damit zu tun, daß das „Recht am Bild“ nicht der „ungefragt Gefilmte, sondern der Filmende“ hat.[28] In *Überwachen und Strafen* situiert Michel Foucault das Verschwinden der öffentlichen *Strafschauspiele* am Übergang zwischen mittelalterlichen und neuzeitlichen Formen der Strafpraxis. Was das britische Fernsehpublikum vorgeführt bekam, waren zwar nicht „letzte Worte eines Verurteilten“[29] – zu Beginn der Neuzeit, wie Foucault schreibt, eine eigene Literaturgattung und für die Hinrichtungsjustiz darum so wichtig, weil sie, vorausgesetzt, diese letzten Worte glichen einer möglichst ausführlichen Selbstanklage, die Strafprozeduren öffentlich rechtfertigen sollten –, doch Bilder einer Geschichte, der man ebenfalls Rechtfertigungskraft zumißt. Ähnlich den damaligen „Verbrechergeschichten“, die zu „Propagandazwecken“ und um „einer allzu milden Bestrafung vorzubeugen“ oft sogar *vor* dem Prozeß *auf fliegenden Blättern* veröffentlicht wurden[30], sollen die heute vorgeführten *TV-live-news* ganz allmählich die Notwendigkeit der Überwachung rechtfertigen. Im Unterschied zu damals allerdings richtet sich das Interesse der Überwacher heute nicht auf *wirklich* Verurteilte oder zumindest eines Vergehens Bezichtigte, sondern unterschiedslos auf *alle*, die sich im öffentlichen Raum bewegen. Und wer weiß, ob sich durch die Medien in Zukunft nicht ein ähnlicher, ungewollt mitproduzierter Effekt einstellen wird wie damals, als das genaue Wissen um Taten und Reue oft zur Heroisierung der Verurteilten, ja gar zu Legendenbildung oder späterer Heiligenverehrung führen konnte. Die Prozeduren des Bekennens, so Foucault, reinigten nicht nur ein Stück weit vom begangenen Verbrechen, sondern zeigten es oft als Spiegel alltäglicher Überlebenskämpfe gegen ungerechte Mächtige, mit denen die Menschen sich leicht identifizieren konnten. Wie die seinerzeit in Umlauf gebrachten Geschichten zum aufregenden „Lesestoff der unteren Volksschichten“[31] wurden, so scheinen auch die heute verbreiteten Geschichten *möglicher* Gefahren – dies eine entscheidende Verschiebung – zum volkstümlichen Lesestoff, besser Fernsehstoff, zu avancieren.

Ein Blick in Newhams Überwachungszentrale Newham ist nur aus einem einzigen Grund berühmt und – wider Erwarten – nicht einmal berüchtigt. In der mit zahllosen Bildschirmen ausgestatteten Polizeizentrale wachen Operators während des ganzen Jahres rund um die Uhr über 250.000 Menschen. Hunderte über die Stadt verteilte, mit hocheffektiver Zoomeinrichtung versehene Videokameras liefern non-stop Stoff zum Aufzeichnen, Kontrollieren, Vergleichen. Jedes Gesicht, das sich auf der Straße zeigt, kann herangezoomt und durch die sogenannte automatische elektronische Gesichtserkennung mit in einer Datenbank der Polizei gespeicherten Gesichtern verglichen werden. Um dem System jene Perfektion zu verleihen, die sich nicht einmal mehr durch Bärte oder Stirnfransen in die Irre führen läßt, ist das menschliche Gesicht zu einem Dreieck geschrumpft, das sich zwischen den Augen und einem Punkt unterhalb der Nase ergibt. Bei genügend übereinstimmenden Elementen geht automatisch ein Alarm los, und innerhalb von 50 Sekunden ist die Polizei an Ort und Stelle. „Das Schöne dieses Systems ist“, meint Tim Pidgeon, Softwarebetreuer von Newhams Polizei, „daß es vollkommen verdeckt eingesetzt werden kann, die verglichene Person merkt nichts.“[32] Damit nicht genug. Die räumliche Disposition der beweglichen Kameras erlaubt es, eine verdächtige Person lückenlos quer durch die Stadt – von Kamerareichweite zu Kamerareichweite – zu verfolgen, ohne daß sie auch nur eine Ahnung davon hätte. Tausende von Stunden Videomaterial pro Tag. Clive Norris von der Universität Hull bringt es auf den Punkt: „Wir werden uns in Großbritannien von der eigenen Anonymität im öffentlichen Raum verabschieden müssen. Jedesmal, wenn wir aus dem Haus gehen, wird uns jemand identifizieren, uns finden können. Sie werden wissen, wen wir treffen und was wir tun. Das ganze zusammengefaßt in einer zentralen Datenbank.“[33] Wen stört’s, wenn man ungefragt gefilmt und als Videomaterial gebraucht wird? Vielleicht im live-TV-Unterhaltungsprogramm erscheint? Werden wir uns bald vergnügt die Verfolgungsjagd von Herrn X quer durch die Stadt ansehen und uns fragen: Kennen wir den? Et voilà – da ist er, groß, genau, kein Bekannter, aber ein Verbrecher vielleicht. Über Menschen wird einfach verfügt.

Wie ein schwarzes Loch Der neu ausstaffierte Raum der Sicherheit erinnert an unsere Vorstellung von einem schwarzen Loch. Er hat die Tendenz, alles um sich herum in seinen Sog zu ziehen. „Haben Sie heute einen Kriminellen gefunden?" fragt ein Berichterstatter. „Heute nicht" lautet die Antwort.[34] Doch die zählt nicht im neuen Sicherheitskreislauf. Nach einem Rückgang der Kriminalität in den ersten Wochen stellte man in Newham fest, daß sie sich verlagert hat – ein Argument für die Ausweitung des Systems. „Es werden weitere Kameras installiert", sagt Bob Lack, Newhams Security-Chef, „aber nicht ich will das, sondern die Bürger dieses Borough. Sie mögen das Gefühl, das ihnen die Kameras geben." Und Robin Wales, Vorsteher des Stadtrats, ergänzt: „Wir werden das System erweitern, wo immer wir Verbrechen vermuten. Wenn die Kriminellen in eine andere Gegend abwandern, werden wir ihnen folgen, bis sie unseren Stadtteil verlassen haben oder aufgeben. Wir hoffen, am Ende in einer Umgebung ohne Verbrechen zu leben."[35] Die Dummheit kennt keine Grenzen oder: Der negativen Utopie steht genügend Personal zur Verfügung.
Es täuschte sich, wer glaubte, daß Videoüberwachung nur ein Großstadtthema wäre. Das zeigte der Fall einer Hausfrau aus Buchs im Schweizer Kanton Zürich. Vor ihrer Abreise in die Ferien wollte sie nach dem Einkauf in der Nachbargemeinde einigen alten Hausrat an Ort und Stelle entsorgen. Sie ahnte nicht, daß in der Gemeinde Dällikon, wie das Magazin *Rundschau*[36] des Schweizer Fernsehens berichtete, Beamte für stundenlanges Auf-Bilder-der-Mülldeponie-Starren bezahlt werden, um „Bösewichte" aus Nachbargemeinden dingfest zu machen. Bewegliche Kameras identifizierten den Wagen der Frau, und da es verboten ist, Haushaltsgegenstände anderswo als in der eigenen Gemeinde wegzuwerfen, fand sie nach den Ferien eine Anzeige in Höhe von 495 Schweizer Franken Gebühren und Buße im Briefkasten.

For your safety & security
this bus is fitted with
VIDEO SURVEILLANCE
& RECORDING EQUIPMENT.
cket or Pass

APOLLO LEISURE (UK) LIMITED

APOLLO THEATRE

George Street, Oxford OX1 2AG England

Telephone: Administration (0865) 243041 Booking Office (0865) 244544 Group Bookings (0865) 723934

DUE TO INCREASED
SECURITY
PLEASE SHOW YOUR
FACE TO THE ABOVE
CAMERA .

THIS WILL ENABLE US
TO MAINTAIN A
HIGH LEVEL OF
SECURITY IN THE
BUILDING

THANK YOU

THEATRES • CINEMAS • HOTELS • SOCIAL & BINGO CLUBS • LICENSED DIVISION

Directors D. C. Rogers F.C.A.

Straf-Gesellschaft „So also hat man sich die *Straf-Gesellschaft* vorzustellen", heißt es in *Überwachen und Strafen*: „an den Wegkreuzungen, in den Gärten, an den Straßen, die erneuert werden, an den Brücken, die gebaut werden [...] tausend kleine Züchtigungstheater. Jedem Verbrechen sein Gesetz, jedem Verbrecher seine Strafe. Eine sichtbare, eine geschwätzige Strafe, die alles sagt, die erklärt, sich rechtfertigt, überzeugt [...]: jede Züchtigung ist eine Lehrfabel"[37]. Bis hierhin gilt Foucaults Beschreibung auch heute. Erst die dem hier zitierten Text folgende Aufzählung – Schrifttafeln, Mützen, Anschlagzettel, Plakate, Symbole, Texte – zeigt, daß Foucault sich auf eine andere Zeit bezieht. Erst wenn man aktuelle Wörter an deren Stelle setzte – Videokameras über Bankomaten oder Reality-TV beispielsweise –, gilt Foucaults „alles wiederholt unablässig den Codex/Code" uneingeschränkt auch heute.

Zwischenräume – begehrte Objekte im neuen Weltmarkt Nicht nur immer mehr Quadratmeter öffentlicher Raum, immer mehr Schritte der Menschen überhaupt werden überwacht. Für versteckte Kameras gibt es keine Grenzen. Kindermädchen, Wohnungen, Schulhöfe. Zugänge zu großen Wohnblocks, zu ganzen Quartieren oder sogar ganzen Innenstadtbezirken lassen sich durch Videozäune kontrollieren.[38] Parallel zur öffentlichen Überwachung wächst die private. Immer ausgeklügeltere Instrumente werden in immer kleineren Objekten versteckt – in Brillengestellen, Krawatten, Wanduhrenziffern –, um am Verhandlungstisch, in der Hotelhalle oder an jedem anderen Ort das Vis-à-vis in Schach halten zu können. Unsere Zeit nutzt die elektronische Revolution, um Zwischenräume nicht nur neu auszustatten, sondern auch neu zu interpretieren. Der Raum zwischen den Menschen verändert sich so radikal wie nie zuvor. Zwischenräume – große wie kleine, offene wie geschlossene, öffentliche wie private – sind die neuen begehrten Objekte eines Marktes, der riesige Zuwachsraten verzeichnet. Selbst im kleinsten Raum zwischen zwei Menschen werden weitere Augen und Ohren installiert. Zeitlose Augen und Ohren, die zudem alles, das sie je gesehen und gehört haben, wieder zum Vorschein bringen können. Zeiten und Orte des Unter-vier-Augen-Redens sind nirgends mehr garantiert, Geheimdienstpraktiken erobern den Alltag. Eine Krawatte genügt, um Geschäftspartner, Ehebrecher oder, wie das Schweizer Fernsehen berichtete, angeblich Rückengeschädigte anhand von Videoaufzeichnungen, die Fachärzte im Auftrag von Krankenversicherungen auswerten, als Simulanten zu überführen.[40] Kein Detail ist unwichtig genug, als daß es nicht wert wäre, unter technischen Zeugen verhandelt zu werden. Alltägliche, ungeheure Wertverschiebungen.

Apparate-Maße Die neuen Installationen verändern die Räume zwischen Häusern, Menschen, zwischen Menschen und Apparaten, Apparaten und Apparaten. Noch ungewohnte Reichweiten apparativen ‚Hörens und Sehens' gliedern den Raum neu und verändern dessen Charakter. Physischen Raum- und Körpermaßen werden *Apparate-Maße* überlagert, auf die im althergebrachten Sinn schon deswegen kein Verlaß mehr ist, weil sie, beweglich und transportabel, einen unerwartet in jedem Augenblick erreichen können, je nachdem, wie sich beispielsweise ein Krawatten- oder Brillenträger im Raum bewegt. Vor den flexiblen Straßenraumkameras gibt es überhaupt kein Entkommen mehr. Stolz lassen uns die Überwacher aus Newham wissen, daß sie problemlos durch die ganze Stadt verfolgen können, wen sie erst einmal im Bild haben.

Tausende von Augen, überall postiert Bereits im achtzehnten Jahrhundert zeichnete sich der polizeiliche „Apparat" durch jene *unverkennbare Eigenart* aus, die Foucault als „mit dem gesamten Gesellschaftskörper koextensiv" bezeichnet. Nicht nur aufgrund der „äußeren Grenzen" dieses Apparats, sondern „aufgrund seines Eingehens auf jedes einzelne Detail. Die Polizeigewalt muß ‚alles' erfassen: allerdings nicht die Gesamtheit des Staates [...], sondern den Staub der Ereignisse, der Handlungen, der Verhaltensweisen, der Meinungen – ‚alles, was passiert'. Der Gegenstand der Polizei sind jene ‚Dinge eines jeden Augenblicks', jene ‚geringfügigen Dinge' [...]. Mit der Polizei befindet man sich in einer infinitesi-

malen Kontrolle, welche die oberflächlichsten und flüchtigsten Erscheinungen des Gesellschaftskörpers zu erfassen sucht [...]: das unendlich Kleine der politischen Gewalt. Zu ihrer Durchsetzung muß sich diese Macht mit einer ununterbrochenen, erschöpfenden, allgegenwärtigen Überwachung ausstatten, die imstande ist, alles sichtbar zu machen, sich selber aber unsichtbar. Ein *gesichtsloser Blick*, der den Gesellschaftskörper zu seinem Wahrnehmungsfeld macht: Tausende von Augen, die überall postiert sind; bewegliche und ständig wachsame Aufmerksamkeiten." Vorläufer der elektronischen Datensammlung war „ein unermeßlicher Polizeitext" aus Berichten und Registern. Aufschlußreiche Kontinuität: Bereits im achtzehnten Jahrhundert werden mithilfe einer *komplexen dokumentarischen Organisation* „Verhaltensweisen, Einstellungen, Anlagen, Verdächtigkeiten von Individuen" registriert.[40]

Investitionen in eine Politik des Mißtrauens Wieder werden *alle* Bürgerinnen und Bürger als potentielle Delinquenten angesehen. Auch *alle* Räume werden *primär* zu möglichen Orten des Verbrechens. Personen und Orte, an denen sie verkehren, verschränken sich unter der Perspektive des aktuellen Sicherheitsdiskurses zu einer – keine der unzähligen lebensweltlichen Situationen ausschließenden – Konfiguration unheilvollen Handelns. Die allmähliche Gewöhnung setzt neue Standards. Das Mißtrauen in noch nicht überwachte Räume und Kommunikationsformen nimmt zu. Der Marktkreislauf von Angebot und Nachfrage – im physisch-realen wie im psychisch-mentalen Sinn – ist eröffnet und kaum mehr rückgängig zu machen. Überwachung wird tendenziell allgegenwärtig und an jeder Ecke einforderbar. Ständig droht die Opfer-Täter-Konstellation. Bevor sie im einzelnen Fall je Realität ist, wird die gegenseitige Aufkündigung jeglichen Vertrauens institutionell und infrastrukturell in die Wege geleitet, nahegelegt, gefördert, eingerichtet. Daß Menschen selbstverständlich und vertrauensvoll miteinander kommunizieren, denselben Straßenraum benutzen, am selben Ort ihren Alltagsgeschäften nachgehen, verhandeln und entscheiden, geschieht mit zunehmendem Einsatz von

Überwachungsinstallationen immer weniger. In diesen neu instrumentierten Räumen wird Mißtrauen gesät, werden Ängste mobilisiert. Alles dreht sich um Sicherheit. Auf Freiheit scheint man unter solchen Bedrohungsszenarien verzichten zu können. Ein perverses gesellschaftliches Förderungsprogramm: Investitionen in Mißtrauenspolitik. Und einer der vielversprechendsten Wirtschaftsfaktoren dazu.

Umwertungen Den Diskursen des neuen Sicherheitsmarkts ist eine Serie von höchst wirksamen Innovationen gelungen. Boris Groys versteht Innovation als Umwertung von Werten, als kulturökonomische Form des Tauschs. Die erste Umwertung betrifft das Verhältnis von Freiheit und Sicherheit. Seit das bürgerliche Freiheitsideal gilt, wird diese Beziehung hierarchisch gedacht: Freiheit vor Sicherheit. Bis heute hat Freiheit ihren Platz im „valorisierten" Raum des „kulturellen Archivs"[41], Sicherheit dagegen ist selbstverständlicher Bestandteil der Alltagswelt. Erstmals jetzt beginnt sich dieses Verhältnis ins Gegenteil zu verkehren. Wir sind Zeitgenossen dieses Umwertungsprozesses. Täglich können wir sehen, wie unzählige Formen von Sicherheit aufgewertet und parallel dazu Freiheiten abgewertet werden, wie Sicherheit mit neuen Formen von Sozialprestige – man läßt sich bewachen wie sonst nur Spitzenpolitiker und Hollywoodstars – verknüpft wird und Freiheiten zu verzichtbaren Größen degradiert werden. Der Raub von Freiheit, der zugleich das Geschenk des Behütetseins mit sich bringt.
Wie sonst wäre es vorstellbar, daß rechtsstaatliche Institutionen mit rücksichtsloser und verblüffender Selbstsicherheit darangehen, Räume unterschiedlichsten Typus mit Überwachungsinstrumenten zu bestücken? Wie zu erklären, daß der Nichtrespektierung des Rechts auf Sicherung der Privatsphäre und auf Anonymität im öffentlichen Raum kein Widerstand entgegengesetzt wird? Dies alles unter zwei spektakulären Voraussetzungen: prophylaktisch und in rechtlich ungesichertem Raum. Bedurfte es früher eines *Anlasses* für die Präsenz von Überwachungs- und Strafbehörden, so sind sie heute immer schon da. Bevor etwas passiert. Eine neue

«Unbemerkt können Überwachungsprogramme alles mitschneiden, was an einem PC passiert. Sie können die Tastatur-Eingaben und Mausbewegungen des Benutzers speichern, Mails und Chats mitlesen, regelmässig Schnappschüsse vom Bildschirm anfertigen und dazu alles unbemerkt als E-Mail verschicken. Ist eine Webcam installiert, können einige Programme auch Bilder des Benutzers zur Identifikation mitsenden. [...] Obwohl es gesetzlich verboten ist, kaufen Schweizer Firmen Überwachungssoftware für Computerarbeitsplätze, die Keylogger enthalten. Das sind kleine Programme, die alles mitschneiden, was auf der Tastatur getippt wird. [...] Was in der Schweiz oder in Deutschland verboten ist, ist anderswo erlaubt. In den USA gestattet es die Rechtsprechung den Unternehmen, Überwachungssoftware aller Art zu installieren, solange die Installation nicht diskriminiert: Wer nur einen Teil seiner Mitarbeiter überwacht, etwa die Schwarzen, die weiblichen oder nur die mit einer Verwarnung in der Personalakte, der macht sich strafbar. Werden dagegen alle Mitarbeiter bis zum Top-Management überwacht, ist alles rechtens. [...] Einige Programme können als Dateianhänge verschickt werden und installieren sich etwa nach dem Klick auf die Anlage ‹Arbeitsvertrag.doc›: Während der ahnungslose neue Mitarbeiter seinen Arbeitsvertrag am Bildschirm liest, wird alles Nötige zu seiner totalen Überwachung veranlasst.»

Detlef Borchers, Neue Zürcher Zeitung, 16. August 2002

Generation von *outlaws*, rekrutiert aus den rechtsstaatlichen Institutionen selber, ist im Entstehen begriffen.

Selbstbilder Auch das Selbstbild des Menschen wird radikal umgebaut. Die Menschen verlieren ihre Kontur, ihre Grenze, sie erweitern sich virtuell zu verfügbarem Material. Über die Dauer ihrer Anwesenheit im medial vervielfachten Raum entscheiden sie nicht selbst. Sie können als Bild jederzeit wiedergeholt, betrachtet, vergrößert werden. Wenn sie sich ausziehen, umziehen, ihr Äußeres verändern, trennen sie sich nicht wirklich von ihrer Vergangenheit. Immer gibt es da jemanden, der sie in vergangener Aufmachung wieder sichtbar machen kann. Auch über Zeitgrenzen von Situationen verlieren sie die Kontrolle. Ihr Bild von sich selbst wird um jene ihnen selbst unbekannten Bilder erweiterbar, unter Aufsicht und Kontrolle anderer. Die Wahrheit über sich zu sagen oder nicht zu sagen, liegt nicht länger bei ihnen allein – jederzeit kann *etwas* über sie zum Vorschein kommen, von dem sie nichts wußten. Jeder wird sich selbst ein anderer. Zunehmend beginnt man dem Bild von sich selbst zu mißtrauen, weil jetzt auch andere mitreden, mitbeweisen: radikale Reorganisation des psychologischen Raumes.
Eine weitere Innovation: Wer es sich leisten kann, wechselt in Sachen Sicherheit in eine Welt erhöhten Sozialprestiges. Die zunehmende Ausstattung privater Haushalte mit Sicherheitseinrichtungen zeigt, wie groß das Begehren ist, sich und alles, was zum eigenen Reich gehört, in diesem aufgewerteten *Raum der Sicherheit* zu wissen. Wenn die Welt draußen, die Straßen, die Räume und Institutionen sich gegen die Menschen wappnen, dann wappnen sich die Menschen ihrerseits gegen alles da draußen, installieren einen Ring aus technischen Augen um Wohnung und Haus, elektronische Berichterstatter neben ihrem Bett und fühlen sich erst sicher hinter diesen nahezu unsichtbaren Mauern.

Rundumbefriedigung auf einen Schlag Über „live cams", wie sie inzwischen überall auf der Welt installiert sind, über TV-Sendungen wie etwa Big Brother wird der gesellschaftliche Einzug von

Überwachungstechniken mit der Idee des Spiels verknüpft, so daß selbst dort, wo von Spiel keine Rede sein kann, Spielerisches sich assoziieren läßt. Eine raffinierte Verkoppelung. Weltweit inszenierte und – soweit Menschen über Zugang zum Internet verfügen – demokratische Spiele ermöglichen jedem den Blick in fremdes Terrain. Von jedem PC der Welt aus sind aktuelle Bilder live abrufbar, vielleicht sogar Details zu beobachten oder die Kameras zu bewegen. Eine weitere Variante von *The Show must go on*. Da könnte selbst die Bemerkung des Security-Chefs von Newham, der von seinem Büro aus nicht nur den gesamten Kontrollraum überwacht, sondern seinerseits von einer in einer Uhr unter der Ziffer 6 versteckten Minikamera überwacht wird, glaubwürdig zu wirken beginnen: „Freundliche Onkel und freundliche Tanten, nicht Big Brother is watching you!"
Eine Rundumbefriedigung auf einen Schlag: Spieltrieb, Auftrittssucht oder -lust, kriminalistische Energien, voyeuristische Triebe, Ordnungsliebe, die Lust, jemanden zu stellen, der Schrecken, gestellt und die Scham, vorgeführt zu werden. Bei der großen Mutter Stadt, die ihre Kinder nicht aus den Augen läßt, bleibt kein Gefühl unbefriedigt, schön oder erhaben-schrecklich.

Bell Curve oder Die schöne Kurve heißt die Normalverteilungskurve nach Friedrich Gauß. Sie hat die Form einer Glocke, englisch „bell curve", ganz nah beim französischen Ausdruck für *schöne* Kurve. Wann immer die Resultate einer experimentellen Untersuchung diese Kurve ergeben, weiß man, daß die Welt in Ordnung ist, daß die Dinge oder Umstände so sind, wie sie sein sollen, eben einer Vorstellung von Norm entsprechend. Wenn nicht, kann es schon mal vorkommen, daß einige Millionen an zusätzlichen Forschungsgeldern so lange in ein Experiment X gesteckt werden, bis die Versuchsanordnungen so weit modelliert sind, daß sie im Effekt die Glockenlinie hervorbringen. So wird der erstaunliche Titel, den der kanadische Philosoph Ian Hacking einer Zürcher Vortragsreihe gab, verständlich: *Making up People*. Oder wie man durch Zurichtung der Bedingungen eines Experiments vorgefaßte Auffassungen

oder Formen „normalen“ oder „abweichenden“ menschlichen Verhaltens bestätigt bekommt.
Was die Städte angeht, so finden wir uns heute in einer verwandten experimentellen Situation. Wir sind Zeitzeugen eines Umbauprojekts, für das der geradezu paradigmatische Titel *Making up People* in *Making up Downtown and Downtown-People* geändert werden müßte. Im Experiment heißt das Ziel der Zurichtung der Bedingungen nicht urbane Stadt, sondern *saubere* Stadt. Womit nicht Abfallbeseitigung gemeint ist, sondern eine Art von Aufräumen, die sich gegen Menschen richtet, die in das so verengte Bild nicht passen. Die Antwort, die der amerikanische Stadtsoziologe Mike Davis vor Jahren in seinem Buch *City of Quartz* auf die aus diesem restriktiven Bild abgeleitete zentrale Frage, wie denn „soziale Homogenität“ und „sicheres ‚Downtown-Image‘„ erreicht werden könnten, für amerikanische Verhältnisse zitiert hat, gilt mit einiger Verspätung inzwischen längst auch für unsere Städte: „Man kann eine Innenstadt so planen und bauen, daß Besucher sie [...] für attraktiv und die Art von Orten halten, an denen sich ‚anständige Leute‘ wie sie selbst gern aufhalten. [...] Das Angebot von Aktivitäten in diesem Kernbereich entscheidet darüber, welche ‚Sorte‘ von Menschen hier auf den Bürgersteigen schlendert; wenn Büros und Wohnungen für Gut- oder Spitzenverdiener [...] angesiedelt werden, wird es einen hohen Anteil ‚anständiger‘, gesetzestreuer Fußgänger geben.“[42] Damit sind die zwei wichtigsten, dem Umbauprojekt vorausgehenden Zielfiguren oder Bilder benannt: die gewünschte Art von Innenstädten und die zu ihr passende *Sorte von Menschen*. Der ganze Rest gehört auf die Seite des Abweichenden. Die „bell-curve“ im Städtebau ist die gesäuberte Stadt. Auch in dieses Experiment wird viel Geld investiert.

Gefährliche Bilder richten sich gegen Menschen, die nicht ins Bild der „sozialen Homogenität“ passen und vor denen „anständige Fußgänger“ offensichtlich beschützt werden müssen. Aber wie? Man sollte Räume wie beispielsweise den Zürcher Hauptbahnhof, die neue Bebauung am Potsdamer Platz oder beliebige andere neu hergerichtete städtische Räume mal genauer unter die Lupe zu nehmen: Kameras, regelmäßige Patrouillen bewaffneter privater Sicherheitsdienste, die auffällig ärmlich aussehende Menschen anhalten und nach draußen begleiten, karge, transparente, mit Einzelplastiksitzen versehene Aufenthaltsräume mit sichtbar plazierter Hausordnung. In Zürich außergewöhnlich sind die Toilettenanlagen im Hauptbahnhof. Es ist nicht anzunehmen, daß der unglaubliche Eintrittspreis für einen Gang aufs WC von einem Franken fünfzig der finanziellen Sanierung des Betriebs dient, und genausowenig, daß es sich um einen Planungsfehler handelt, wenn Waschbecken nicht mehr öffentlich und kostenlos, sondern erst nach bewachten Drehkreuzen zugänglich sind. Inzwischen haben sich die Gestalter kleinster öffentlicher Infrastrukturen eine weitere Variante ausgedacht und installiert: Bunker-Toiletten für zwei Franken pro Benutzung. Die sind so sicher, daß ihre Benutzung buchstäblich Angst einflößt. Zurückgelassen in einem komplett abgedichteten metallischen Innenraum, hört man eine automatische Ansage, die einem die Bedingungen der zeitlich limitierten Benutzung nennt. Das anschließende automatisierte Händewaschen verlangt soviel technische Kenntnis, daß manche unverrichteter Dinge wieder abziehen. „Sadistische Straßenumwelten“[43] nennt Mike Davis eine solche „Verhärtung der Oberfläche der Stadt“ gegen Unerwünschte. Über die mikroräumliche Ausstattung führt der Stadtraum einen stummen Diskurs gegen diejenigen, deren Gegenwart nicht länger erwünscht ist.

Beispiele und Proben von allem, was Welt bedeuten kann Als Lewis Mumford in seinem Buch *Die Stadt* 1961 den Grund für die Faszination, die Weltstädte auf uns ausüben, zu erklären versuchte, behalf er sich mit einem Text des amerikanischen Schriftstellers Henry James, der die Stadt „die größte Ansammlung menschlichen Lebens, das vollständigste Kompendium der Welt“ genannt hat, einen Ort, an dem das Menschengeschlecht besser vertreten sei als irgendwo sonst. Das pure Gegenteil also von sozialer Homogenität. Mumford sah die große Stadt als *den* fruchtbaren Boden, der „die

Menschheit auf die größeren Zusammenschlüsse und Vereinigungen vorbereitet, die dank der modernen Eroberung von Raum und Zeit wahrscheinlich oder gar unvermeidlich" geworden seien.[44] Heute wissen wir um einiges eindringlicher, als Mumford dies konnte, was das heißt. Anders als heute sah er die *kulturelle* Leistung der Großstadt in ihrer Fähigkeit, zu integrieren. Wie die zeitgemäßeste ihrer Erfindungen, das Museum, sei die Großstadt der Ort der Versammlung von „Beispiele[n] und Proben" von allem, was Welt bedeuten kann. Übungsplatz zu sein für all das, was „den Menschen im Hinterland stets fremd und feindselig" erschien, nannte er „großstädtische Funktion"[45].

Wie würde wohl ein Mumford von morgen die *kulturelle Funktion* der Metropole der neunziger Jahre – oder was dann von ihr noch übrig geblieben sein wird – charakterisieren? Und mit welchem *Bild der Stadt* verknüpfen? Welche Bilder von heute würden bleiben, von einer Zeit, in der mit ausgefeilten Sicherheitsstrategien und Überwachungstechniken die einst offene, vielfältige, ja wilde und gefährliche Großstadt von allem gereinigt wird, was nicht dem herrschenden, arg geschrumpften Begriff der „großstädtischen Funktion" entspricht? Welche Eindrücke von einer Auffassung, die den Mumfordschen Begriff der *kulturellen* Aufgabe der Städte in ihr Gegenteil verkehren will? Ausgrenzen statt versammeln, Homogenisierung statt Differenzierung – was sonst im Rückblick auf eine Zeit, in der die Innenstädte zwar neu hergerichtet werden, dies jedoch mit einer Mentalität, die im Mumfordschen Sinne ‚hinterländisch' oder hinterwäldlerisch und technizistisch hypermodern zugleich ist? Und dies ausgerechnet in einer Zeit, in der die fast schon bedingungslos zu nennende Unterwerfung der Lebensverhältnisse unter die Ökonomie die Menschen in die Formel „Der flexible Mensch"[46] entläßt, sie täglich neuen Formen von Unsicherheit ausliefert und sie somit geradezu auffällig anfälliger macht für Angebote, die Orientierung und Halt versprechen.

Sprache als Waffe Kaum verwunderlich, daß der Sicherheitsdiskurs mit all seinen Versprechungen so erfolgreich ist. Nicht nur was die Stadt betrifft, hat dieser Diskurs mit Hilfe der „Sprache als Waffe"[47] einigen Schein produziert. Den Schein zum Beispiel, daß Kontrolle, Überwachung, Ausgrenzung, Schaffung homogener Viertel et cetera im Interesse der Öffentlichkeit stünden, obwohl gerade das, was einmal Öffentlichkeit meinte, durch all diese Maßnahmen beschädigt, ja zerstört wird. Den Schein aber auch, daß die Städter sich durch diese Maßnahmen sicher fühlen würden, obwohl, gerade umgekehrt, die ununterbrochene Beschwörung der Gefährlichkeit der Städte und die überraschenden, willkürlichen Maßnahmen gegen sie Unsicherheit *erst herstellen.* Den Schein auch von Modernität, der die Wirkung – eine Repressivität, die an den Überwachungs- oder Polizeistaat denken läßt – vergessen lassen soll. Und nicht zuletzt den Schein, daß der Sicherheitsdiskurs Probleme der *existentiellen sozialen* Sicherheit ernst nehme, obwohl gerade diese Sicherheit, wie Loïc Wacquant gezeigt hat, vor unseren Augen Schritt um Schritt demontiert wird. Verhaltenskontrolle und Normalitätsdiktatur sind im Gegenzug die Waffen, durch die sozial gefährdete Individuen im Zaum gehalten werden sollen. Ausgerechnet in einer Zeit, in der immer mehr Menschen verarmen, ihre Arbeit, ihre Wohnung verlieren, beginnen die Manager des öffentlichen Raumes – Stadtpolitiker, Architekten und Stadtplaner, Polizei und private Sicherheitsdienste – mit dem großen Aufräumen. Das ausschlaggebende Beispiel aus den neunziger Jahren: New York City.

Ein Wunder 1994: Daß die Polizei das Verhalten von Menschen ändern könne, war die zentrale Einsicht des „berühmtesten Polizisten der Welt", Bill Bratton – und des erfolgreichsten. Alles Verhalten sei erlernbar, meinte der seinerzeitige New Yorker Polizeichef, und: „Wir bestimmen die Lernbedingungen."[48] Wer denkt da nicht an die entkorkten statt geborenen Menschen aus Aldous Huxleys *Schöne neue Welt:* „Jeder kann heutzutage tugendhaft sein", heißt es dort. Bratton hatte es innerhalb von zwei Jahren geschafft, Ordnung zu schaffen in New York. „Eine der sichersten Städte der Welt“, befand Bürgermeister Rudolph Giuliani, „ein Wunder“, kommentierte die *New York Times*. In Brattons Satz findet sich nicht ein Schimmer von Scham, keine Spur von Verschleierungstaktik. Er versucht erst gar nicht, das, was er sagen will, in die üblichen Floskeln zu verpacken. Es soll nicht einmal der Anschein erweckt werden, daß irgendwelche Prinzipien respektiert, als ob Rücksichten genommen würden. Keine Beschwichtigung für seine Vorhaben. Nur ein Angebot: Die Polizei könne bewerkstelligen, was alle anderen nicht geschafft hätten.

In seiner Arbeit *Kitsch und Tod* spricht der Historiker Saul Friedländer von den „totalitären Stimmungstechnikern“ des Nationalsozialismus, die in ihren Inszenierungen „das Leben zu feiern vorgaben“, es in Wirklichkeit jedoch entwerteten, indem sie es an „apokalyptische Vorstellungen“ oder Untergänge, „den eigenen nicht ausgenommen“[49] knüpften. Keine Frage, es geht hier um zwei grundverschiedene Wirklichkeiten. Und trotzdem: Auch Bratton beschwört Untergangsszenarien, gegen deren Inkrafttreten einzig seine „Polizeiphilosophie“ helfen soll. Die Art und Weise, wie er mit Menschen und ihren Verhaltensweisen *aufräumt*, wie er seine eigenen ‚Siege‘ zelebriert und vermarktet, macht ihn tatsächlich zu so etwas wie einem totalitären Stimmungstechniker.

Daß der Sozialforscher und Mitautor der „Broken-Windows-Theorie“ (1982), George L. Kelling, eines Tages Berater der New Yorker Subway-Polizei wurde, hat die folgende, inzwischen weithin bekannte Geschichte zu einem der Ausgangspunkte der neuen ‚Polizei-Philosophie‘ gemacht: „Ein Grundstück ist verlassen. Unkraut wächst. Eine Scheibe wird eingeschlagen. Erwachsene schelten lärmende Kinder nicht mehr. Die Kinder werden, dadurch ermutigt, rebellischer. Familien ziehen aus, ungebundene Erwachsene ziehen ein. Jugendliche treffen sich vor dem Laden an der Ecke. Der Ladenbesitzer fordert sie auf wegzugehen. Sie weigern sich. Es kommt zu Auseinandersetzungen. Der Müll häuft sich. Die Leute beginnen vor dem Laden zu trinken. Dann stürzt ein Betrunkener, darf liegenbleiben, seinen Rausch ausschlafen. Fußgänger werden von Bettlern angesprochen. Noch ist es vermeidbar, daß Kriminalität entsteht. Aber viele Einwohner werden glauben, daß die Kriminalität ansteigt. Abgewandte Augen, verschlossene Lippen, schnelle Schritte. Kein Interesse mehr am Viertel, kein ‚Zuhause' mehr: Nachbarschaft hört auf zu existieren. Ein derartiges Gebiet ist sehr anfällig für die Entstehung für Kriminalität."[50]

Zerbrochene Scheiben Bekanntlich heißt die inzwischen verbreitete Losung der polizeilichen Gegenstrategie „Zero Tolerance"[51], Symptombekämpfung. Die Idee, daß man Geschichten dieser Art in die umgekehrte Richtung drehen könne, indem man damit beginnt, zerbrochene Scheiben wieder einzusetzen, um so den weiteren Zerfall eines Ortes aufzuhalten, ist so einleuchtend, daß Polizeichefs und Innenminister aus der ganzen Welt nach New York reisten. Seither vermarktet Bratton *High Performance Policing* als Markenartikel, ebenfalls weltweit.
Die Geschichte der *broken windows* beschränkt sich jedoch nicht auf Fensterscheiben, sie bewirkt weit mehr. Sie wurde Anlaß zur polizeilichen Ahndung jedweder Abweichung. Ihre Lehren gefährden die Substanz des Rechtsstaats: „Die Grenze zwischen Erlaubtem und Unerlaubtem wird nicht mehr durch das Gesetz definiert, sondern die einzelnen Polizisten oder sogar private Ordnungskräfte legen fest, was im öffentlichen oder halböffentlichen Raum toleriert und was als störend empfunden wird."[52] Zu Recht ist darauf hingewiesen worden, daß die Idee, „den Frieden in den Städten zur polizeilichen Angelegenheit zu machen", ungeheuerliche Folgen habe. Sicherheit werde zum „Produkt von Polizeigewalt"[53]. Womit das ganze Dilemma beschrieben ist. Denn zu einer solchen Vorstellung von Sicherheit gehört ja nicht nur, öffentliche Räume – vor allem die Konsumzonen in den konservierten Innenstädten – partiell an Geschäftsleute zu verpachten, unter privates Hausrecht zu stellen und Unerwünschte durch private Wachdienste fernzuhalten. Dazu gehört auch das Konzept des *Community policing*, mit anderen Worten: nachbarschaftlich organisierte Polizeiarbeit, auch „Sicherheitspartnerschaft" mit den Bürgern genannt. Nette

«Ginge es nach dem Willen von John Ashcroft und George W. Bush, dann wäre [...] jeder Bürger ein Frontsoldat im Krieg gegen den Terror. Zu diesem Zweck haben sie das Citizen Corps ins Leben gerufen, in dem die Bürgerwehren der ‹Neighbourhood Watch›-Programme koordiniert werden: Bürger sollen sich freiwillig [...] für zivile Aufgaben bei der Polizei melden. Zum Korps der Bürger gehört aber auch das ‹Terrorism Information and Prevention System›, besser berüchtigt als ‹Operation Tips›, – und dafür sollen noch im August in zehn Großstädten rund eine Million Amerikaner als Informanten rekrutiert werden. Angesprochen werden Postboten, Lastwagenfahrer, Schaffner, Handwerker, Angestellte der Telefon-, Strom- und Gasgesellschaften, kurz: alle, die entweder Zugang zu Privatwohnungen haben oder die rund fünfhunderttausend Meilen Highways und Schienenwege der Nation im Auge haben. Was ihnen verdächtig vorkommt, sollen sie künftig rund um die Uhr unter einer zentralen Telefonnummer melden. Brian Doherty von der Monatszeitschrift *Reason* bemerkte daraufhin, wenn man die Zahl der ersten Informanten auf die 24 Millionen Einwohner der Teststädte umrechne, käme man auf eine höhere Spitzelquote als bei der ostdeutschen Stasi. [...] Seine Methode, Unterstützung für seine Politik durch Appelle an die Angst vor dem Terror zu mobilisieren, haben Ashcroft in Washington längst den Titel ‹Minister der Angst› eingebracht.»

Süddeutsche Zeitung, 5. August 2002

Worte, hinter denen sich die Idee befriedeter, privatpolizeilich gesicherter Binnenwelten versteckt, innerhalb derer die Bewohner aufgerufen sind, gegenüber allem, was fremd riecht, wachsam zu sein.[54] Daseinsberechtigung besitzt nur mehr, wer oder was als Puzzlestein zur neuen identitätsstiftenden Funktion der sauberen Stadt und ihrer Quartiere taugt.

Städtebauliche Apartheid So beginnt, was man städtebauliche Apartheid genannt hat.[55] Der französische Sozialwissenschafter Alain Touraine hat vom fundamentalen Problem unserer Tage gesprochen: Ausgrenzung. Die „Gesellschaften der Ausbeutung" seien zu „Gesellschaften der Ausgrenzung" geworden.[56] Wenn die neue Sicherheit nur für jene gedacht ist, die – noch – dazugehören, gegen wen richtet sich die „vollkommen neue Polizeiphilosophie", oder die „Law-and-Order-Kampagne ohne Vorbild"? „Wo Müll ist, kommen die Ratten", meinte der seinerzeitige CDU-Fraktionschef des Berliner Abgeordnetenhauses, Klaus-Rüdiger Landowsky. „Und wo Verwahrlosung herrscht, ist auch Gesindel."[57]Das Wort *Gesindel* gestattet den Blick auf eine Perspektive, die um so erschreckender ist, als der Abgrund der Arbeitslosigkeit und der daraus folgenden Armut, die zu Obdachlosigkeit oder zu einer „Gesindel"-Existenz führen kann, für immer mehr Menschen zur realen Bedrohung wird.

Hier ist an eine Stelle in Paul Virilios Buch *Der negative Horizont* zu erinnern, wo die Beschwörung „x-beliebige[r] Varianten angeblicher Risiken und Gefahren" als Mittel identifiziert wird, „das *Prinzip des inneren Notstandes,* dieses Polizeiprinzip schlechthin, zu reaktivieren"[58]. Allein in Kalifornien, hat Mike Davis[59] berichtet, seien zwischen 1987 und 1997 mehr als tausend Gesetze verabschiedet worden, die einzig der Sicherheit, der Ordnung und der Unterdrückung dienen. Der deutsche Rechtspolitiker Horst Eylmann hielt es für erwägenswert, nach amerikanischem Vorbild nächtliche Ausgangssperren für Jugendliche zu verhängen, so wie es inzwischen rund tausend amerikanische Städte tun – nicht New York übrigens. Auf die Frage, ob die „neue Polizeiphilosophie" nicht eher dem Polizeistaat ähnle, hatte ein Professor einer deutschen Polizeifachhochschule die verblüffende Antwort parat, was von den Bürgern mitgetragen werde, könne ja kein Polizeistaat sein.[60] Kein Zweifel, der Paradigmenwechsel *Weg von der Freiheit – hin zur Sicherheit* wäre ohne den ununterbrochen aufrecht erhaltenen Sicherheitsdiskurs, der erst über die *ganz allmähliche Gewöhnung* genauso allmählich eine Veränderung *in der Mentalität* der Städter bewirkt, nicht durchzusetzen. Zeitgemäß gesprochen: Mentalitätsdesign ist einer der zentralen Programmpunkte der derzeitigen Städtebaupolitik.

Allgegenwärtiger Panoptismus Die von Foucault analysierte *Mikrophysik der Macht*[61], die von unzähligen, in der Gesellschaft verstreuten Punkten aus normierende Sanktionen erläßt, erfährt durch Vorstellungen darüber, wie Sicherheit und Sauberkeit in den Städten herzustellen seien, enormen Aufschwung. Unter wohltönenden Namen, Nachbarschaftsinitiativen etwa, sollen Bürgerinnen und Bürger an allen Ecken und Enden gleichsam polizeiliche Funktionen übernehmen. Sie entsenden Streifen an dunkle oder gefährliche Ecken, „in gelben Jacken, damit sie jeder im Auge hat, und mit Handys ausgerüstet“[62]. Als ob Foucault vom aktuellen Sicherheitsideal redete, nur mit dem Unterschied, daß solchen Maßnahmen kein Schrecken innezuwohnen scheint. Im Gegenteil, statt des kalten Schauers stellen sich Gefühle der Sicherheit ein. Das berühmt-berüchtigte *Panoptikum*, Jeremy Benthams Erfindung eines idealtypischen Gefängnisbaus aus dem achtzehnten Jahrhundert[63] – eine Art Menschenobservatorium, das von seinem Zentrum aus die totale Überwachung der Zellen gestattete –, verkehrt sich heute in sein Gegenmodell: in einen „allgegenwärtige[n] Panoptismus“[64]. Heute sind Bürgerinnen und Bürger *in ihrem eigenen Interesse* dazu aufgerufen, zu unzähligen überwachenden Augen für die anderen zu werden. Ein neues dichtes Netz wird geknüpft, das „der einander kontrollierenden Blicke“[65]. Der Typ des Denunzianten, gefürchtete Figur in totalitär verfaßten Gesellschaften, hat sich in die demokratische Gesellschaft geschmuggelt und erhält eine soziale Aufwertung. Die Maschen des Netzes werden enger, die Überwachungsmacht entfaltet sich kapillar.

Universale Verdächtigkeit sowie „universales Mißtrauen“ identifiziert Hannah Arendt als jene Elemente totaler Herrschaft, die mehr als alles andere „alle menschlichen Beziehungen“ unterminieren. Nicht nur sei in der totalen Herrschaft das professionelle Mißtrauen des Polizeiagenten „allgemeines gesellschaftliches Gesetz“, jeder einzelne sei darüber hinaus „zum Polizeiagenten seines Nächsten“ geworden, so daß „der Nachbar sich bald als gefährlicher erweist als die Polizei“[66]. Vom Standpunkt totalitärer Herrschaftspraktiken aus, schreibt Arendt, mache es schon deshalb keinen Sinn mehr, sich mit einzelnen Verdächtigen abzugeben, da die gesamte Bevölkerung ständig unter Verdacht stehe.[67]
Es ist nicht zu übersehen, daß eine große Zahl der von Arendt identifizierten Merkmale totalitärer Praktiken auch auf heutige polizeiliche und andere Überwachungskonzepte zutrifft. Auch heute gilt, daß wir uns allmählich in einer Atmosphäre einzurichten beginnen, in der, wissentlich oder unwissentlich, jeder jeden zu bespitzeln aufgefordert ist, eine Atmosphäre, in der die einzelnen – unter zunehmender Entbehrung existentieller Sicherheiten – immer mehr durch äußere Sicherheitsmaßnahmen ihrer Rechte beraubt werden. Der schwierige Dreh- und Angelpunkt: daß all das sich unter dem Deckmantel anscheinend moralischer Begriffe vollzieht, die für Wünschenswertes wie Sich-wohl-und-sicher-Fühlen stehen und sich gegen angebliche Risiken und Gefahren richten. Was Städte einmal charakterisierte, daß man dort Fremder unter Fremden war oder sein konnte, brauchte Anonymität, Größe, Unübersichtlichkeit – Begriffe, die einst mit Freiheit konnotiert wurden, und heute fast schon zu Begriffen für das Böse geworden sind. Die *urbane Stadt*, die „noch für das seltsamste Bedürfnis die gewünschte Befriedigung“[68] bietet, ist akut gefährdet. Wir sind heute beinahe bei ihrem *Gegenbild* angekommen.

Kitsch und Tod Saul Friedländer unternimmt es in *Kitsch und Tod*, die Struktur der Phantasmen[69] hinter einem *neuen Diskurs* über den Nazismus aufzudecken. Seit den späten sechziger Jahren, schreibt er, zeige sich eine heftige und anhaltende Beschäftigung, die nicht aufhöre, diesen nachzugestalten und neu zu interpretieren. Nur könne das entstandene „Büchergebirge“, das uns den Horizont verstelle, die „Theoriewüste nicht verbergen, die sich zu seinen Füßen erstreckt“[70]. In einer Reihe filmischer und theoretischer Arbeiten sei eine verschobene Perspektive zu erkennen, der es nicht um die Gleichsetzung des Nazismus mit dem *Inbegriff des Bösen* gehe, sondern die sich zu einer Auseinandersetzung entwickle, die von einer „Aktivität der Imagination“[71] gesteuert sei. Es ist diese Verschiebung der Aufmerksamkeit „vom Grauen und Schmerz [...] zu wollüstiger Beklemmung und hinreißenden Bildern, Bildern, die man unentwegt weitersehen“[72] wolle, die Friedländer besonders interessiert. Es zeige sich eine besondere Art der Entmündigung, die die Basis der „psychologischen Faszination“ bilde, ein doppeltes „Verlangen nach restloser Unterwerfung“ und „totaler Entfesselung“[73].

Als Friedländer das schreibt, scheinen ihm „die sozio-ökonomischen Bedingungen für das Aufkommen einer neuen nazistischen Bewegung“ nicht vorzuliegen, „die politische Entwicklung im Westen“ ähnele „in nichts der des Europa zwischen den beiden Weltkriegen“. Und so fokussiert er seine Untersuchung auf die psychische Dimension, die „freischwebend ihrer Eigendynamik“ folge.[74] Obwohl der Nazismus ein Phänomen der Vergangenheit sei, ließen sich jedoch in seiner Nachgestaltung „Strukturen des Imaginären“ in der Gegenwart aufdecken.[75]

Friedländer vermutet, daß sich hinter der „Fortdauer dieser unterschwelligen Bilder“ und „gemeinsamen Phantasmen“[76] ein „latenter und von einer tieferen Logik gelenkter Diskurs“[77] verberge. Dort genau sei der Ort, an dem Filme wie Texte sich einnisten bei den Rezipienten, wo sie im Geheimen weiterwirken, unser Unterbewußtsein führen und verführen. Der neue Diskurs möge Meisterwerke hervorbringen, schreibt er, aber solche, die „in der falschen

Tonart" geschrieben seien, der „Eitelkeit" und „Selbstgefälligkeit und Sympathie für das Dargestellte" geschuldet. Für Friedländer eine Grenzüberschreitung.[78] Erkennen ließen sich solche Werke am Unbehagen und an der Beklommenheit, die sie hinterlassen. Friedländer beobachtet ein Auseinanderklaffen „zwischen der erklärten moralischen und ideologischen Position des Autors (Verurteilung des Nazismus und Bemühen um Verständnis) und der ästhetischen Wirkung seines filmischen oder literarischen Werkes"[79]. Dafür nennt er drei Argumente: den Nazismus als unbegrenztes Experimentierfeld für entfesselte Phantasien, für den breiten Einsatz ästhetischer Effekte und für eine Vorführung der eigenen literarischen Brillanz und intellektuellen Kraft.
Was verbindet – bei allen Differenzen – den heutigen Sicherheitsdiskurs mit jenem von Friedländer untersuchten *neuen Diskurs* über den Nazismus? Macht es überhaupt Sinn, seine Schrift in unserem Zusammenhang zu erwähnen? Der Unterschied besteht nicht nur darin, daß es sich um verschiedene Inhalte handelt, er besteht auch darin, daß es Friedländer um eine reflexive Bezugnahme geht, in unserem Kontext aber um ein Geschehen, das sich vor unseren Augen abspielt. Unsere Beziehung zum Geschehen ist nicht reflexiv, wir sind selber Teil des Geschehens. So ist es nur folgerichtig, daß der aktuelle Sicherheitsdiskurs bislang keinen offiziellen Namen hat. Dafür fehlt schon die ‚historische' Distanz. Dieser ist es wohl auch zuzuschreiben, daß trotz allgegenwärtiger Produktivität und Herrschaft die zersplitterten Facetten dieses Diskurses genauso zersplittert registriert, also nicht in ihren Zusammenhängen wahrgenommen, ja meist nicht einmal auf die eigene Person oder die eigenen Lebensumstände bezogen werden.

Kollusionspartner Neben der offensichtlichen Tatsache, daß auch der Sicherheitsdiskurs ein „unbegrenztes Experimentierfeld für entfesselte Phantasien" bereithält, nennt Friedländer *drei Aspekte*, die in den von ihm herangezogenen Nachgestaltungen auszumachen seien. (a) Im „Gegensatz zwischen Kitsch-Harmonie und permanenter Beschwörung der Themen Tod und Zerstörung" sieht er den Auslöser eines ästhetischen Reizes. (b) In der „Erotisierung der Macht, der Gewalt und der Herrschaft" wie auch in der „Darstellung des Nazismus als des Zentrums aller Entfesselungen der unterdrückten Affekte" identifiziert er das Vorhandensein eines Verlangens. Und (c) im Gebrauch der Sprache als Mittel, „Distanz zu halten gegenüber der Realität des Verbrechens", entdeckt er „Manöver eines Exorzismus"[80]. Insbesondere der erste und der dritte Aspekt sind *strukturell* auch in den heutigen Sicherheitsdiskursen anwesend. Strukturell meint, daß auch hier – präsent in den Inklusions- und Exklusionspraktiken – ein Gegensatz zwischen Kitsch-Harmonie und Beschwörung von Tod und Zerstörung existiert. Daß auch im Sicherheitsdiskurs die Sprache als Distanzmittel eingesetzt wird und diese Instrumentalisierung der Sprache ebenfalls exorzistische Züge annimmt. Allerdings ist das, was exorziert wird, anderen Inhalts.

Der *erste* der beiden Kollusionspartner (Kitsch-Harmonie) zeigt sich auf der Inklusionsseite der neuen gesellschaftlichen Rechnung und ihren Bedingungen, besonders auffällig in Beschreibungen der beschaulichen, angeblich identitätsstiftenden Atmosphäre in Quartieren mit Bürgerpolizeikonzepten und in *Gated Communities*: hergestellte heile Welten, in denen Begriffe und Gefühle wie Glück, Zu-Hause-Sein, Wohlgefühl et cetera nur mehr unter der Bedingung von Zwang, Kontrolle und Unterwerfung zu denken und zu haben sind. Das Gefühl von Exklusivität und Ordentlichkeit, hinter Gittern herumtollende Kinder, kontrollierte und ausschließlich vertraute Bewohner und Gäste, Häuser mit Giebeldach und maßgeschneiderten Rasenteppichen sind hier die potenten verführerischen Bilder, die beschwören, was Abraham Moles als „Spur von gutem Geschmack in der Geschmacklosigkeit", als „Gemütlichkeit" in der Alltagswelt oder eben als Kitsch definiert hat.[81] Kitsch als das „antimoderne Gesicht der Moderne"[82]. Als „Kunst in Anpassung an das Leben"[83]. Isolierte, befestigte Wohninseln, gegen die Unbill des gefährlichen Draußen errichtet. Übersichtliche Binnenwelten, die über autoritäre Verordnungen herstellen, was in der Alltagswelt nicht zu haben ist. Aber auch überwachte idyllische

Stadtbilder oder gar Großstadtbilder wie zum Beispiel der seit einiger Zeit als familienfreundlich beworbene Times Square. Oder neue Formen geplanter Nicht-Städte, in denen der kleine Maßstab der historischen Stadt durch künstliche Stadtteileinheiten ersetzt und der Rest des Ungeheuers Stadt verbannt wird.
Auch dies Kitsch-Harmonien, wie sie Friedländer als „getreuen Ausdruck der allgemeinen Gefühlswelt" bezeichnet, als „Harmonie, die der Kleinbürger liebt", der in ihr „die Schönheit und die Ordnung der Dinge" gewährleistet sehe, die „bestehende Ordnung der gegebenen Dinge"[84]. Die Regeln, die des heutigen Kleinbürgers Harmonie sichern, sind so festgelegt, daß sie nicht nur (fast) alle Lebensumstände im Erscheinungsbild festschreiben, sondern auch das Verhalten der Bewohner.[85] Freiheit verliert gegen Sicherheit – Sicherheit siegt über Freiheit.
Der *zweite* Part in dieser Kollusion mit den Themen Tod und Zerstörung spiegelt sich in den bereits beschriebenen harten Ausgrenzungsstrategien gegen Menschen und Lebensformen, die in dieses Bild der übersichtlichen Welt nicht passen. Ausgrenzend, verurteilend, sogar lebensgefährdend oder tödlich sind die Auswirkungen dieser Kitsch-Bilder auf jene, deren Lebensmuster andere Daseinsformen erzeugen. Der Tod zeigt sich hier in der Form des *sozialen* Todes. Wo Friedländer von „Katastrophenkitsch" – einem „Kitsch besonderer Art"[86] – spricht, identifiziert er eine Kurzschlußverbindung zweier unvereinbarer Elemente: Harmonie und Entsetzen. Eine aktuelle Form dieses Kurzschlusses zeigt sich an den Grenzen, entlang welcher eingeschlossen, beziehungsweise ausgeschlossen wird. Auch hier werden in unmittelbarem Nebeneinander zunehmend die hart widerstreitenden „Gefühle von Rührung und Entsetzen"[87] produziert. Um diesen doppelten Blick von den neuen Grenzen in seiner gesellschaftspolitischen Brisanz zu verstehen, lese man bei Gelegenheit die Lobpreisungen in den Verkaufstexten von Gated Community-Anbietern und den von ihnen instruierten Interessenten und Bewohnern. Sie schwärmen von einem Glück, das auf die Beschwörung äußerer Gefahren setzt. Das Draußen bedeutet wenn auch nicht wirklich, so doch

potentiell: Risiko, Gefahr, Zerstörung und Tod. Unvereinbar mit der Ordnung, unter der sie leben. Es sind die *schlechten Fantasien*, die sich mit dem Draußen verbinden, die an den neuen Grenzen Ein- und Ausschluß produzieren. Im Innern herrscht, was Friedländer das „Zurück zu einer verflachten Romantik"[88] nennt. Blickperspektiven der neuen Grenzziehungen in unseren Gesellschaften. Beispiele:

Ipanemas vergitterte Häuserfluchten Wer Rio de Janeiro kennt, weiß, daß sein weltberühmter Strand lauter wohlklingende Namen hat: Praia de Copacabana, Praia de Arpador, Praia de Ipanema, Praia do Leblon. Elegant, gepflegt, gar der romantischste Stadtteil soll Ipanema laut Reiseführer sein, lauschige, idyllische Plätzchen unter wilder tropischer Vegetation, bunte Märkte. Vor der Zeit der Militärdiktatur Ort der Bürgerinitiativen für Ökologie und „menschenfreundliche Raumplanung". Mekka der Reichen und Neureichen.
Was ist davon geblieben? In den rückwärtigen Straßen, in der Rua Prudente de Morais, der Redentor, der Nascimento Silva, der Jaguaripe und wie sie alle heißen, alle Hausfronten verbarrikadiert. Die alte Mauer reicht nicht, ein Gitterverschlag ist aufgedoppelt, ausgeschnitten um das Übermaß der bestehenden Gittertür. Ein begrüntes Terrassenhaus ist bis unter die herunterhängenden Pflanzen im ersten Stockwerk nachgerüstet. Auf den Gittern sind Spitzen angebracht. Ganze Straßenverläufe sind mit einer weit in den Straßenraum hinausgreifenden Bewehrungsschicht abgesperrt und bewacht. Man läuft buchstäblich zwischen Gitterstrecken entlang. In regelmäßigem Abstand gelbe Sirenenleuchten, hinter den Gittern Sicherheitsposten, nicht immer bewaffnet. Man sieht sie noch durch die Gitterstäbe hindurch, die vielfältigen räumlichen Übergänge zwischen öffentlich und privat, das Vor- und Rückspringen der Vorgärten, die Bodenbelagswechsel, die kleinen Rampen, Treppen und Sitzflächen, die das Promenieren einst zum urbanen Vergnügen gemacht haben müssen. Statt dessen die bunt inszenierte Welt der Eingeschlossenen. Eine Umkehrung der Verhältnisse: Die

Wohlhabenderen schließen sich weg, den städtischen Raum überlassen sie den weniger Privilegierten.

Helikopterlärm über São Paulo Jedes neu in den Himmel schießende Gebäude, meldete die Swissair-Gazette in einem „Going Up" überschriebenen Bericht[89] in ihrer Ausgabe vom Februar 2001, sei mit einem Hubschrauberlandeplatz gekrönt. Der vorläufig letzte Traum der Vermögenden, freilich nicht allein, um dem bedrohlichen Autoverkehr der Metropole entrinnen zu können. 400 000 US-Dollar zahlt man für einen Viersitzer des Typs Robinson R44 Raven, zuzüglich 11 000 Dollar monatlicher Unterhaltskosten. Wenn die Mittel nicht ganz reichen, kann man sich mit 40 000 Dollar an einem der Prestigeobjekte beteiligen, rund 2000 Dollar monatlich für Fixkosten inklusive Pilot, Hangar, Versicherungen et cetera, zehn Stunden pro Monat und für jede weitere Stunde weitere 165 Dollar. Für 300 Dollar die Stunde können auch Nichtbesitzer das exklusive Taxi buchen. Das erweitert den Kundenkreis um die Mittelklasse. Argument Nummer drei für das florierende Business: Sicherheit. Die Angst vor dem unmittelbaren Kontakt mit der Stadt. Denn diejenigen, die aus den ummauerten und bewachten Enklaven im Häusermeer der Stadt ausschwirren wollen, kennen die sie umgebenden Favelas nur durch den Blick durch die getönten Scheiben ihrer oft gepanzerten Automobile. Was in Zürich Notfall und Spitallandeplatz assoziieren läßt, ist in vielen anderen Städten der Hubschrauberlärm der reichen Leute, die sich von der Villa zum klimatisierten Bürokomplex fliegen lassen oder vom Luxuscoiffeur zurück in den privaten Schloßbezirk. Zugespitzt formuliert: Denen, die es sich leisten können, ist die Stadt vollkommen gleichgültig.

Die *tips and traps* einer Immobilienfirma Vergitterte innerstädtische Wohnkomplexe und das Überfliegen der Stadt sind nur die visuell und akustisch auffälligsten Signale für eine politische, soziale, ökonomische und kulturelle Segregation. Die „tips and traps" einer amerikanischen Immobilienfirma verweisen kurz und knapp auf die „bahnbrechenden Trends“ der neunziger Jahre, wie im Immobiliengeschäft gutes Geld zu machen ist: „zoning restrictions, gated communities, changing tenant-landlord relationship, and crime“. Vier einander ergänzende Strategien, die die Entdemokratisierung der Gesellschaft und die Fragmentierung des Raumes Zug um Zug vorantreiben. Appartementhäuser, innerstädtische Straßenzüge, Städte, suburbane Siedlungen, ganze Landschaften werden mit unermüdlichem Elan durch innere Grenzziehungen neu ausgestattet.

Zoning restrictions So benennt man Versuche, mit privaten wie öffentlichen planerischen Mitteln – Zonen-, Dichte-, Höhenfestlegungen et cetera – Segregationspolitik zu betreiben. In Mike Davis‘ *City of Quartz* kann man die detaillierten Wege von Segregationspolitiken über die Verkehrs- und Wohnbaupolitik im Großraum Los Angeles verfolgen. Mindestens so effizient betreiben die Planungs- und Bauvorschriften der privaten *land-developer* die Homogenisierung der Käuferschichten in den von ihnen errichteten Gated Communities. Bewohner privater Siedlungen in Kaliforniens städtischen Suburbs versuchen gar durch die Etablierung von „No-growth“-Gesetzen die Abwanderung von Minoritäten aus den Innenstädten in den städtischen Umraum zu behindern. Selber auf dem Weg aus der Stadt, möchte man die *gefährlichen Klassen* dort behalten.

Gated Communities Seit den achtziger Jahren eines der erfolgreichsten amerikanischen Exportprodukte und der Name für eines der effizientesten privaten Instrumente, die Politik der gesellschaftlichen Spaltung weiträumig umzusetzen. Von Los Angeles bis Johannesburg, von Rio de Janeiro bis Lagos werden parallel zu ungelösten gesellschaftlichen Konflikten neue Städte oder Stadtteile gebaut, innerhalb derer Millionen von Privilegierten leben. Zögerlicher in Europa. Am fortgeschrittensten in England, neuerdings in Frankreich, Belgien und den Niederlanden. Leider gibt es weder eine systematische Forschung, noch sind verläßliche Zah-

len zu haben. Von 20 bis 48 Millionen Amerikanern ist die Rede, die hinter Mauern, Zäunen, Wassergräben oder elektronischen Überwachungsanlagen leben und an deren Grenzen modernste Zugangsrituale über Zutritt oder Ausschluß entscheiden. Acht von zehn neuen Wohnanlagen sind umzäunt. Noch vor über drei Jahrzehnten haben die Vereinigten Staaten alle Formen öffentlicher Diskriminierung durch Wohnpolitik, Bildung, Verkehr und öffentliche Anlagen gesetzlich verboten. Gated Communites sind *eine* Form, Diskriminierung wieder einzuführen. Wie einst die Rassengesetze, schreibt Evan McKenzie, regeln heute Gated Communities die soziale, ökonomische, kulturelle und räumliche Trennung.[90]
Umfragen zufolge wünscht sich die Hälfte der amerikanischen Bevölkerung diese Wohnform. Darauf orientieren Immobilienmakler und Bauunternehmer: „Put in more gates, if that's what the market demands and the planners will allow."[91] Der Satz spiegelt die Verhältnisse: erst vollendete Tatsachen schaffen, die Gesetzgebung wird es schon richten. Ein Marketingstratege macht es klar: Die Menschen wüßten sehr wohl, daß Umzäunung nicht mit Sicherheit gleichzusetzen sei. Es gehe um Gefühle. Wahrnehmung sei der eine Schlüsselbegriff, und wenn Marketingstrategien Symbole für Einschließung mit dem Gefühl von Sicherheit kurzschließen, sei das marktbestimmend. „We do whatever is the norm for the region". Diese Norm wird über „Konsumentenprofile" und „Psychogramme" erforscht, planerisch umgesetzt und baulich symbolisiert. Für Verkaufstermine werden Ratschläge erteilt: offene Gates oder Welcome-Tafeln sollen die Wirkung mildern, zudem Wächter oder *doormen*, die wie Hotelangestellte gekleidet sind. Man warnt ausdrücklich davor, in der Werbung Sicherheitsgarantien abzugeben. Statt dessen sollten Begriffe wie ‚Community' oder ‚peace of mind' hervorgehoben werden.
Es gibt keine wissenschaftliche, aber eine anwendungsorientierte Typologie von Gated Communities[92]: *Lifestyle Communities*, für die Prestige und die Ähnlichkeit der Lebensweise an erster Stelle stehe. *Retirement Communities*, die ältesten und traditionellsten, meist um Golf- oder Country Clubs herum organisierte *Out-*

door-Seniorensiedlungen, in denen Kinder und Jugendliche als permanente Bewohner untersagt seien. Ihr Kennzeichen: 55+. *Elite Communities*, für die die Wegschließvorrichtungen Distinktion, Prestige und Sicherung des Sozialstatus bedeuteten. Inzwischen ist der Sicherheitsdiskurs so allgegenwärtig, daß dessen Symbole auf der sozialen Stufenleiter nach unten driften. Sicherheit ist zum klassenübergreifenden Begehren geworden. In den ärmeren Quartieren der Städte werden mittels Straßendesign und Sicherheitsabschrankungen Security Zones bestimmt, Straßen gesperrt, Neighborhood-Watch-Programme ausgerufen und Nicht-Anwohner ferngehalten.

Begriffsverwirrung: Demokratie auf den Kopf gestellt Warum kommt diese neue Art der Wohnbau- und Siedlungspolitik einer Gefährdung demokratischer Rechtsstaatlichkeit gleich? Die Selbstverwaltungen der Gated Communities übernehmen Aufgaben, die normalerweise in öffentlicher Hand sind: oft das gesamte System kollektiver Güter und Dienstleistungen. Sie setzen vertraglich Regeln für das Zusammenleben, die detailliert Rechte und Pflichten festlegen: von Abstimmungsrechten, Haustierverordnungen über das Verbot, Kleider im Vorgarten zu lüften, Regeln für die Dauer der Mittagsruhe bis zur Farbgestaltung der Häuser und zur Schnitthöhe des Rasens. Die „Home Owner Association" tritt als *Schattenregierung* auf. Hier handelt es sich um private Formen lokaler Regierung, bemerkt Georg Glasze, um alternative Modelle territorialer Organisation, um die Substitution staatlicher Versorgung, um „Clubgüter" anstelle öffentlicher Versorgung. Für die Finanzierung werden private Steuern erhoben, was wegen doppelter Steuerbelastung zu veritablen und auch erfolgreichen gesellschaftspolitischen Sezessionsversuchen geführt hat: Hidden Hills, Rolling Hills, Canyon Lake, um nur einige zu nennen.[93]
Innerhalb der Communities gibt es weder Gewaltentrennung noch Opposition. Die Sezessionsbestrebungen widerlaufen jeglicher Idee gesellschaftlicher Gerechtigkeit, der Trend zur sozialen Entsolidarisierung ist gar Voraussetzung. Mit dem Rückzug in homogene

Einkommens- und Interessengruppen lockern sich die Bindungen zur Welt jenseits der Sicherheitszonen. Man will nicht mehr aufkommen für jene, die draußen sind. Gerade die Sezessionstendenz, das sich Fortstehlen der Privilegierten aus der gesellschaftlichen Verantwortung hat an einer Hamburger Konferenz vom 3. Dezember 1999 zur Kritik am Begriff ‚Community' geführt: mit Community sei nicht die Gesellschaft gemeint, sondern klassenorientierte Interessenverbände.

Changing tenant-landlord relationship Evan McKenzie hat die neue Art gesellschaftlichen Vertrags mit „one Dollar, one vote" charakterisiert. Unter der „Schattenregierung" hat nur eine Stimme, wer über Besitz verfügt. Mieter, sofern sie unter besonderen Bedingungen überhaupt vorkommen, haben keine. Der *Interessenverband Community Association Institute* nennt diese Selbstverwaltung abgeschotteter Siedlungen „the most representative and responsive form of democracy"[94] der Vereinigten Staaten: die neue Siedlungsform als Instrument der Demontage des Demokratiebegriffs.

Ein Sadismus, der sich im Mark der Sprache festsetzt Nur wer klassenhomogene Interessenverbände mit der Bevölkerung verwechselt und egoistische Sezessionsbestrebungen mit Verantwortlichkeit, kann in einem solchen Zusammenhang von der repräsentativsten Form der Demokratie sprechen. „Sprachen besitzen starke Lebensreserven", hier zitiert Friedländer George Steiner aus dessen *Sprache und Schweigen*, „mit deren Hilfe sie große Mengen von Hysterie, Analphabetentum und Gemeinheit absorbieren können"[95]. Aber es gebe auch eine Belastungsgrenze. Ähnlich wie beim Kippen elastischer Verhaltensweisen bestimmter Baustoffe in irreversibel plastische Verformung können auch Begriffe, wenn ihre Elastizität überbeansprucht wird, in pervertierter Verformung enden. So hier der Begriff Demokratie. Benutzt man sie dazu, Maske zu sein für die zerstörte Bedeutung und diese Zerstörung auch noch rechtfertigen zu müssen, gilt Steiners, von

Friedländer zitiertes „dann passiert etwas mit ihr“ [der Sprache, EB], auch hier.[96] Maskierte Begriffe werden zu „Übermittler[n] von Unwahrheit und Terror“. Auch bei dieser Verkehrung setzt sich etwas „von der Lüge und dem Sadismus [...] im Mark der Sprache“ fest: „Unmerklich zunächst, so wie radioaktive Ausstrahlungen sich stillschweigend im Knochenmark festsetzen.“[97] Auch bei diesem Mißbrauch kann von einem „Krebsgeschwür“ gesprochen werden, das seine „tiefsitzende Zerstörungsfähigkeit“ zu entfalten beginnt. Auch hier „gedeiht“ die Sprache nicht mehr, Friedländer zitiert weiter George Steiner, „frischt sich nicht mehr von innen auf [...], erfüllt nicht mehr so gut wie sonst ihre beiden wesentlichen Funktionen: die Übermittlung von menschlicher Ordnung, die wir Gesetz und Recht nennen, und die Vermittlung des Behenden im Menschengeist, was wir Anstand und Anmut nennen“[98]. In dieser Verwendung von Begriffen als effizienter und unschlagbarer Verkleidung, um „eine andere Realität zu behaupten – und letztlich uns zu beschwichtigen“[99], verschwinden die ursprünglichen Inhalte hinter einer Propaganda, die lautstark die Szene beherrscht. Die Vergewaltigung der Begriffe führt zur Vergewaltigung der Vorstellung und des Denkens.

Crime *Crime* verschmilzt auf höchst produktive Weise Kriminalität und Sicherheit, vermengt in dieser in der Tat symbiotischen Verquickung alle Maßnahmen, die der Sicherheit zu dienen vorgeben und läßt sie auf diese Weise als unausweichlich und notwendig erscheinen. Wie beim – von der gesellschaftlichen auf die Dimension privilegierter Interessengemeinschaften – geschrumpften Begriff *Community* hat sich auch beim Begriff *Sicherheit* die Bedeutung entscheidend verschoben. Wo von Sicherheit die Rede ist, ist nicht länger Existenzsicherung gemeint. Loïc Wacquant hat gezeigt, wie diejenigen, deren Existenz durch den Abbau des Sozialstaats nicht länger gesichert ist, zunehmend fallen gelassen und zur Gefahr für andere erklärt werden. Die soziologische Kriminalitätsforschung wisse, sagt der deutsche Soziologe Sighard Neckel, daß die Dramatisierung von Gefahren genüge, um die Nachfrage nach Sicherheit schnell zu steigern: „Erst definiert man die Stadt als gefährlich und bezeichnet sie als gefährlicher denn je zuvor, obgleich die Daten das nicht hergeben.“ Dann „definieren“ Polizeipräsenz und Videoüberwachung „die städtische Situation grundsätzlich als gefährlich“. Ein unheilvoller Kreislauf, der nach der bekannten soziologischen Einsicht funktioniere: „If men define a situation as real it is real in its consequences (William Thomas).“[100]

Wegschließung der Unerwünschten Der Selbst-Einschließung der Vermögenderen steht die Ausschließung der Vernachlässigten gegenüber. *Gefängnisse für die Armen* ist das vierte Kapitel von Bronislaw Geremeks *Geschichte der Armut* überschrieben. Der Historiker und frühere polnische Außenminister hat mit seinem Buch eine europäische Geschichte der Ausgrenzung, Bestrafung, Einsperrung, Beaufsichtigung und Disziplinierung der Verarmten, Arbeitslosen, Bettler, Herumstreichenden und Fremden geschrieben. Es scheint, sagt er, „als sei die Welt unverändert – unabhängig von der Zeit – bevölkert von [...] Lobrednern der Arbeit und von Sängern der Entsagung, von Anhängern einer Politik der Repression oder der Gleichgültigkeit gegenüber den Armen und von Meistern der Barmherzigkeit. Was sich jedoch ändert, sind die Proportionen.“[101]

Ob sich heute nicht spiegelverkehrt wiederholt, was Sozial- und Wirtschaftshistoriker die „sozialen Kosten der ursprünglichen Akkumulation des Kapitals“ genannt haben, die „Verschlechterung der zwischenmenschlichen Beziehungen“?[102] Moderat, vielleicht zu moderat gesagt. Was Geremek an der „an der Schwelle der Neuzeit entstehende[n] Sozialpolitik“[103] mit dem schlichten Wort „bemerkenswert“ charakterisiert, daß nämlich „der Primat des Galgens und des Gefängnisses gegenüber der Barmherzigkeit nur wenige empörte“[104], trifft auf erschreckende Weise auch auf die aktuellen Formen des Umgangs mit Arbeitslosen, Armen und Flüchtlingen zu.

Wenigstens das erste Wort des altmodisch anmutenden Untertitels *Elend und Barmherzigkeit in Europa* von Geremeks Buch ist auch im heutigen Europa wieder aktuell. Aber für das vorläufig letzte Kapitel, das gerade jetzt spielt, endet Geremeks Buch zu früh. Einige der erschreckenden Parallelen zur Gegenwart beschreibt ein anderer. Loïc Wacquant hat eine in den Vereinigten Staaten beginnende Fortsetzung geschrieben: *Elend hinter Gittern.*[105]

Kriminalisierung der Armut Wacquants empirisch gestützte Untersuchungen lassen keinen Zweifel daran – und er spricht aus, was Stadtpolitiker verschweigen –, daß unsere Gesellschaft Armut kriminalisiert. Daß wir Zeitgenossen eines Kurswechsels sind: von einer Politik des Sozialen zu einer Politik der Strafverfolgung.[106] Der „Neuordnung der Arbeitsverhältnisse" gehe eine „Neuordnung des Strafwesens" einher. Die Propagierung der Reduzierung der sozialpolitischen Rolle stehe derjenigen der Erweiterung der Möglichkeiten strafrechtlicher Interventionen gegenüber. Und in diesem Spannungsfeld stehe der bereits erwähnte *spezifisch eingeengte Sicherheitsbegriff*, der an die Stelle der Existenzsicherung die „strafrechtliche Behandlung von Armut"[107]setzt. Die Strafmöglichkeiten richteten sich (Zero Tolerance) hauptsächlich gegen kleine und Kleinstdelikte, sie seien „Mittel zur Legitimierung polizeilicher und gerichtlicher Behandlung der störenden Armut – jener *sichtbaren* Armut, die sich in der Öffentlichkeit unangenehm bemerkbar macht und ein diffuses Gefühl von Unsicherheit erzeugt, oder auch nur als Belästigung und Verschandelung empfunden wird"[108]. Ein Beispiel aus New York, von dem Wacquant berichtet: Innerhalb von nur zwei Jahren seien 45.000 Personen auf der Straße angehalten und durchsucht worden, weil sie der in Zivil operierenden Brigade wegen ihrer Kleidung, ihres Verhaltens und insbesondere ihrer Hautfarbe wegen verdächtig vorkamen. In 37.000 Fällen habe ihnen nichts vorgehalten werden können, und bei der Hälfte der übrigen 8.000 hätten die Gerichte die Anklage als gegenstandslos abgewiesen.[109] „Der Strafvollzug", schreibt Wacquant, „begnügt sich nicht mit der Rolle als Sammelbecken und Verwahranstalt für gemeinhin als unnütz, unerwünscht oder gefährlich erachtete (Sub)Proletarier oder als Institution zur Verheimlichung und Neutralisierung gesellschaftlichen Elends und seiner augenscheinlichsten Auswirkungen: Er trägt, wie gern übersehen wird, selbst aktiv zur Mehrung und Festigung sozialer Unsicherheit und Verlassenheit bei, aus denen er sich nährt und die seinen Bestand garantieren. Das Gefängnis ist vor allem eine Institution für Arme, die dem Imperativ (und Phantom) der Sicherheit gehorcht."[110]

Wie eine unheilvolle Wiederholung der Geschichte muten solche Beobachtungen an. Wacquant berichtet über wachsende Ausgaben für Innere Sicherheit, deren Großteil sich in neuen Formen von *Überwachen und Strafen* niederschlägt, über überfüllte Gefängnisse und insbesondere über den Gefängnisboom in Amerika, der sich nicht nur zu einem blühenden, zunehmend privatisierten Wirtschaftszweig entwickelt, sondern auch die Arbeitslosenzahlen sinken läßt. Kein Wunder, daß amerikanische Bundesstaaten um Standortvorteile für Gefängnisneubauten buhlen, die Arbeitsplätze schaffen.

Boombranche Strafvollzug Ein regelrechtes Wirtschaftswachstum herrscht in allen Sicherheitsbranchen: Generalunternehmen oder Einzelanbieter, die nicht nur Planung und Realisierung von Großanlagen, Zellen und Containern übernehmen, sondern gleich auch Wachpersonal, Gefangenentransporte und Fachmessen mit allen denkbaren ‚Accessoires' anbieten: „gepolsterte Handschellen, Kampfwaffen, Schlösser und Gitterstäbe mit Sicherheitsgarantie, [...] Gitter mit tödlicher elektrischer Spannung, Entgiftungsprogramme für Drogenabhängige und Maßnahmen zur Resozialisierung straffällig gewordener Jugendlicher, elektronische und telefonische Überwachungssysteme, Sensoren zur Ortung und Identifizierung von Personen, Computerprogramme zur Datenverwaltung von Personal und Insassen, Gebläse zur Desinfizierung bei Tuberkuloseerkrankung [...]."[111] Tatsächlich rangiere laut US Census Bureau, einer Art statistischen Bundesamts, berichtet Wacquant, „die Ausbildung und Einstellung von Gefängniswärtern an erster Stelle unter all den Regierungsaktivitäten des letzten Jahr-

zehnts."[112] Daß ausgerechnet diejenigen, die aufgrund des sozialökonomischen Umbaus der Gesellschaft aus bestehenden Ordnungs- und Rechtszusammenhängen herauskatapultiert werden und sich irgendwo in den prekären Zonen des gesellschaftlichen Niemandslands wiederfinden, zum Anlaß für boomende Sektoren avancieren, ist grausame Ironie.
Geremek hat daran erinnert, daß die Verwalter der Gesellschaft schon einmal, lange vor der Entwicklung des modernen Sozialstaats, auf das Mittel der *großen Einschließung* setzten, das die Gewinner der Gesellschaft vor ihren lästigen Verlierern retten sollte: „Ehe das Gefängnis in breitem Umfang zum Mittel der Bestrafung und Besserung von Verbrechen wurde, benutzte das moderne Europa es unter anderem als Instrument der ‚Sozialpolitik' gegenüber den Bettlern."[113] Im sechzehnten und siebzehnten Jahrhundert sei das „große Einsperren"[114] der Bettler die Krönung der neuen Sozialpolitik gewesen.
Wacquant berichtet vorwiegend von amerikanischen Verhältnissen. Doch in seinen europäische Länder betreffenden Untersuchungen steht ein Satz, der, die erste Stufe in der Realisierung des strafenden Staates als eingeführt konstatierend, nur noch fragt, ob die zweite Stufe, nach amerikanischem Vorbild, folgen werde oder nicht. Es bleibe abzuwarten, schreibt er, ob die „Sozialüberwachung, die als relativ milde Spielart eines strafenden Umgangs mit Armut noch überall in Europa zu finden ist, eine mögliche und dauerhafte *Alternative* zur Masseninhaftierung bieten kann, oder ob sie nur eine Etappe auf dem Weg strafrechtlicher Verschärfungen darstellt, der in einen vermehrten Rückgriff auf den geschlossenen Strafvollzug und seine Begleiterscheinungen mündet"[115] .

Sind unsere Gesellschaften auf dem Weg, unanständig zu werden? Eine Gesellschaft ist dann anständig, sagt der Philosoph Avishai Margalit, wenn ihre Institutionen die Menschen nicht demütigen. Mehr sei eigentlich nicht nötig. Und da Menschen Lebewesen sind, die nicht nur durch physischen Schmerz gedemütigt werden können, sondern auch durch symbolische Handlungen, umreiße der Begriff den doppelten Sinn, in dem eine Gesellschaft unanständig werden kann.

Politik der Würde ist der Titel seines Buches.[116] Der Begriff der Würde ist ein altmodischer, fremd gewordener Begriff. Er kommt einem vor wie ein übrig gebliebenes Fragment aus einer Welt, die heute ganz unzeitgemäß erscheint. Vielleicht ist dieses Fremdheitsgefühl aber auch ein Hinweis darauf, wie selbstverständlich uns Strategien geworden sind, die uns durch „intentionale Freiheitsbegrenzung" und Einschränkung der Selbstkontrolle zu entmündigen suchen. Es mag außerdem ein Wink dafür sein, daß ohne Erinnerung an solch altmodisch gewordene Begriffe andere als die beschriebenen Umgangsformen in der Städtebaupolitik in immer weitere Ferne rücken.

Margalits Plädoyer für eine „Politik der Würde" und eine „Gesellschaft des Anstands" fordert von den gesellschaftlichen Institutionen, die Selbstachtung der Menschen nicht zu verletzen und sie so vor der „schrecklichen Erfahrung der Erniedrigung"[117] zu bewahren. Wir leben in einer Gesellschaft, deren Sicherheitsorgane und -techniker die Menschen ungefragt und undiskutiert überwachen und disziplinieren, sie ungefragt und zeitlich unbeschränkt als Datenmaterial speichern und verarbeiten. Handelt es sich da nicht um Demütigung? In Form einer Verletzung gerade jener Rechte, die unsere – in Verfassungen garantierte – Würde oder Integrität schützen sollen? Welche Antwort gibt unsere Zeit auf Margalits einfache, vielfach zynisch belächelte Frage: „Was ist eine anständige Gesellschaft?"

Nichtdemütigung Das Kriterium der Nichtdemütigung rechtfertigt Margalit mit dem Hinweis auf Ernst Cassirers „animal symbolicum"[118]. Der Mensch könne „nicht nur physischen Schmerz, sondern aufgrund seiner symbolbildenden Kraft auch Seelenqual" empfinden. Grausamkeit, schließt er, sei das „schlimmste Übel, die Vermeidung von Grausamkeit demnach das höchste moralische Gebot". Gesellschaftliche Institutionen ließen sich auf zweierlei Weise beschreiben: „abstrakt durch ihre Regeln und Gesetze oder

konkret durch ihre tatsächlichen Verhaltensweisen“[119]. Leicht einzusehen, daß die Antwort auf die oben gestellten Fragen anders ausfallen, je nachdem welche Art der Beschreibung wir wählen. Legen wir unserer Antwort die abstrakten Regeln und Gesetze unserer Gesellschaften zugrunde, fallen die Antworten zu deren Gunsten aus. Berücksichtigen wir jedoch ihre konkreten Verhaltensweisen, so verkehren sich die Antworten in ihr Gegenteil.
Margalits Unterscheidung zwischen Kränkung, die eine „Verletzung der sozialen Ehre“ meint und Demütigung, die von der „Verletzung der Selbstachtung“[120] spricht, macht klar, daß mit Demütigung durch Institutionen nicht der Angriff auf das Selbstwertgefühl, sondern auf den „inneren Wert einer Person“ gemeint ist. Ebensowenig ist mit der anständigen Gesellschaft („makroethisches Konzept“) die zivilisierte Gesellschaft („mikroethisches Konzept“) gemeint, in der Menschen einander nicht demütigen.
Daß Margalit die anständige Gesellschaft ‚negativ‘ (als eine Gesellschaft, die nicht demütigt), charakterisiert, hat drei Gründe. *Erstens* einen moralischen: Dieser ergibt sich aus seiner Überzeugung, „daß zwischen der Abschaffung von Übeln und der Förderung von Gutem ein gewichtiges Mißverhältnis“ bestehe: „Es ist sehr viel dringender, unerträgliche Übel zu beseitigen, als Gutes zu schaffen.“[121] Demütigung sei ein schmerzliches Übel, Achtung hingegen ein Gut. Demütigung zu vermeiden, sollte daher wichtiger sein, als Achtung zu zollen. *Zweitens* einen logischen Grund: Er „beruht auf der Unterscheidung von Zielen, die direkt und intelligent erreicht werden können, und solchen, die im wesentlichen Nebenprodukte sind und nicht unmittelbar erreicht werden können“[122]. Beispielsweise könne die Achtung anderer Personen ein Nebenprodukt unseres Verhaltens sein, während dies bei der Nichtdemütigung nicht der Fall sein könne. *Drittens* einen kognitiven Grund: Dieser besteht darin, daß „demütigendes Verhalten leichter zu identifizieren ist als respektvolles Verhalten, wie auch Krankheit leichter zu diagnostizieren ist als Gesundheit“[123]. Zur Demütigung gehöre ein Angriff, und eine Angriffssituation lasse sich leichter erkennen als eine Verteidigungssituation, weil sie auf einer „eindeutigen

Konfrontation zwischen Angreifer und Angegriffenem" basiere, während es „Verteidigung auch ohne einen erkennbaren Angreifer" geben könne.[124]

Demütigung An einer Stelle resümiert Margalit die „konstitutiven Elemente" von Demütigung. Die erste „Sinnebene" des Begriffs verortet er dort, wo Menschen so behandelt werden, als ob sie keine Menschen wären (wo beispielsweise mit ihnen verfahren wird wie mit verfügbarem Material). Den zweiten „Sinngehalt" sieht er dort, wo Handlungen den „Verlust von Kontrollfähigkeit dokumentieren oder zur Folge haben", zum Verlust der Selbstkontrolle führen oder diesen verdeutlichen. Als dritten „Sinngehalt" identifiziert Margalit den „Ausschluß von Menschen aus der ‚Menschheitsfamilie'"[125].
Aber nicht nur Verhaltensweisen, auch die Bedingungen, unter denen Menschen leben, können berechtigte Gründe für das „Gefühl der Demütigung" sein. Allerdings nur dann, „wenn sie das Ergebnis menschlicher Handlungen oder Unterlassungen sind, nicht wenn sie der Natur entspringen"[126]. Anders gesagt, gehören zur Demütigung immer Menschen, die sie verursachen. Zu unterscheiden bleibt, ob die Verursachung beabsichtigt ist oder nicht.
Über die Verletzung eigener Rechte hinaus, insbesondere „jener Rechte, die unsere Würde schützen sollen"[127], seien vor allem jene Umstände, in denen wir nicht in der Lage seien, „diese Rechte wirksam einzuklagen"[128], ein gewichtiger Grund, sich gedemütigt zu fühlen. Wenn nun etwa Bürgerrechte und staatliche Überwachungspraktiken einander widersprechen, wie könnte da jemand erfolgreich seine Rechte einklagen? Erst recht in jenen Fällen, wo der praktische politische Umgang mit Flüchtlingen Menschenrechten widerspricht? Genauso demütigend seien Situationen, in denen Menschen „zur Preisgabe ihrer Integrität" gebracht würden: „Ein integrer Mensch ist nicht korrumpierbar. Und eine Gesellschaft ist demütigend, wenn sie integre Menschen erpreßt und zu abscheulichen Kompromissen zwingt"[129] . Hier wäre, um nur ein Beispiel zu nennen, interessant zu wissen, ob und inwiefern die Voraussetzun-

gen für das Funktionieren von Neighborhood-Watch-Programmen *hergestellt* sind, und auf welche Weise dies geschieht. Und ob die Bereitschaft von Menschen, hier mitzutun, nicht eventuell unter dem Gesichtspunkt der sozialen Erpressung zu betrachten wäre. Wenn eine Quelle der Nichtbeachtung von Menschen darin zu sehen ist, „etwas, was moralisch falsch ist, für normal zu halten"[130], wäre dann die Delegierung polizeilicher Praktiken an Quartiersbewohner nicht eine Form der Erpressung?

Was normal ist Normal, sagt Margalit, sei für uns all das, was wir als selbstverständlich, richtig, sicher und unverrückbar empfinden. Wenn es erst einmal so weit ist, daß wir Überwachung und Disziplinierung als normal ansehen, mischt sich das Gefühl für das angeblich Normale mit der Überzeugung, „daß die Dinge gar nicht anders sein können, als sie sind"[131]. Spätestens dann, wenn etwas normal erscheint, sinkt unsere Aufmerksamkeit, geben wir nicht mehr Acht, weil wir davon ausgehen, daß alles seine Ordnung hat. Will man die eingangs gestellte Frage, ob wir auf dem Weg in eine unanständige Gesellschaft seien, beantworten, kommt man nicht unhin, sich zuvor die andere Frage zu stellen: Wie kommt es, daß beinahe alle – der *uns* bekannten – Formen von Überwachtwerden so vielen Menschen normal vorkommen?
Wichtig hinzuzufügen, daß dieses *Für normal halten* sich keineswegs nur auf äußere Praktiken bezieht. Ganz im Gegenteil, das Gefühl von Normalität schließt die durch diese Praktiken entstandenen Formen psychischer Veränderungen ein. Wenn Margalit an anderer Stelle Demütigung als „Ausdehnung der Grausamkeit vom physischen auf den psychischen Bereich"[132] definiert, wird diese seelische Grausamkeit Teil der Normalität. Es sind die Empfindungen selber, die durch einen Prozeß der *allmählichen Gewöhnung* – statt von Gewöhnung ließe sich auch von Konditionierung sprechen – umgeformt werden. Dieses Umgeformtwerden reicht „bis in das geheimste Fühlen" hinein.[133] Die wichtigste Voraussetzung für diesen Umbau der Empfindungen ist, daß er *ganz allmählich* geschieht. Was *vor* einem solchen Prozeß unter heftigstem Protest

«Menschen sind anpassungsfähige, pragmatische Geschöpfe, und die meisten Amerikaner, die ihr Flugzeug erreichen wollen, haben gelernt, daß sie den Mund halten und gehorchen sollten, wenn man sie auffordert, ihre Schuhe und Gürtel abzulegen. Sie haben sich auch daran gewöhnt, daß Sicherheitsleute ihr Gepäck durchwühlen und ihre Unterwäsche begrapschen. Sie werden nicht protestieren (so wie ich nicht protestierte), wenn sie sehen (wie ich vor einigen Monaten sah), daß ein verängstigtes siebenjähriges Mädchen durchsucht wird und mit einem elektrischen Schlagstock bedroht wird, weil es das Verbrechen begangen hat, gegen den Flughafen-Metalldetektor zu stoßen und ihn in Gang zu setzen. [...] Da wir angeblich in diesem endlosen ‹Kriegszustand› leben und da uns ständig gesagt wird, es sei ‹unpatriotisch›, Fragen zu stellen und Protest anzumelden, halten es nur wenige der prominenten Amerikaner – und so gut wie keiner unserer Politiker – für nötig, auszusprechen, daß viele dieser Regierungsmaßnahmen und im Grunde genommen dieser ganze neue Lebensstil den Verfassungsgrundsätzen der Vereinigten Staaten und unserer Bill of Rights direkt widersprechen. Diese hervorragend durchdachten, visionären Dokumente sind der Erhaltung und Förderung von ‹Leben, Freiheit und dem Streben nach Glück› gewidmet: drei Werte, die von den neuen Gesetzen und Sicherheitsprozeduren weder befördert noch verbessert werden; sie werden im Gegenteil durch das tägliche Quantum an Irrationalität und unverhohlenem Wahnsinn, mit dem wir fertig werden müssen, ernsthaft gefährdet. Wir können nur hoffen, daß immer mehr Menschen die Propaganda und das wilde Durcheinander aus Angst und Paranoia durchschauen werden, hinter dem die derzeitige Regierung ungeniert ihren Geschäften nachgeht und Gesetze verabschiedet, die die Armen weiter entrechten, die es den Arbeitern erschweren, ihren Arbeitsplatz zu behalten und ihre Rechnungen zu bezahlen, und die ein paar ungemein reichen Amerikanern die Taschen füllen. Einige dieser Reichen profitieren auch von der höchst lukrativen security industry. Das jährliche Budget des Ministeriums für Heimatschutz beläuft sich auf 30 Milliarden Dollar, und einem Leitartikel der New York Times zufolge nimmt die Zahl der Lobbyisten, die in Washington die Interessen der Anti-Terror-Industrie vertreten, in rasantem Tempo zu.»

Francine Prose, Die Zeit, 31. Juli 2003

als unzumutbar verneint worden wäre, erscheint im nachhinein als „good idea", als fortschrittlich, als vernünftig, als erstrebenswert. Als normal eben. „Das Normale etabliert sich als Zwangsprinzip", schreibt Foucault.[134] Erst unter den geschilderten Bedingungen wird begreiflich, daß einige der Margalitschen Forderungen als unheilbar romantisch, unzeitgemäß, idealistisch oder ganz einfach als realitätsfern erscheinen können.
Wie würden wohl die Reaktionen der Leserinnen und Leser seines Buches ausfallen, wenn sie läsen, daß Institutionen seelische Grausamkeiten zu vermeiden hätten? Daß gedemütigt werden heiße, „Menschen an Entscheidungen zu hindern, die ihre vitalen Interessen betreffen"[135]? Daß Institutionen einer anständigen Gesellschaft die Privatsphäre nicht verletzen dürften, da unsere Selbstachtung an deren Wahrung geknüpft sei und sie zudem jenen Raum bilde, den das Individuum für die Kontrolle seiner Interessen benötige? Daß diese Verletzung zeige, wie Menschen durch gänzliche Mißachtung der grundsätzlichsten persönlichen Interessen selber mitverachtet würden? Daß diese Verletzung den Zweck habe, Abweichungen aufzudecken und auszuschließen, und gerade dadurch festlege, daß nur „normales" Verhalten als menschliches gelte? Daß „Intimität [...] ein konstitutiver Bestandteil von Freundschaft" sei und die Verletzung der Privatsphäre jene nicht nur zerstöre, sondern mit ihr die Möglichkeit von Freundschaft – jener Beziehungen also, die für das Zugehörigkeitsgefühl eines Menschen am wichtigsten sind?[136] Daß die Verletzung der Privatsphäre „ein paradigmatischer Akt der Demütigung"[137] sei, da Ausgeliefertsein und Wehrlosigkeit in die Angst münde, „nicht mehr für die eigenen lebenswichtigen Interessen sorgen zu können"[138]? Resümee: Demütigung als Kontrollverlust.

Strafschauspiele Foucaults *Überwachen und Strafen* beginnt mit zwei Schilderungen, die sich schärfer nicht voneinander unterscheiden könnten. Der schwer auszuhaltenden, über dreieinhalb Seiten reichenden Erzählung über die detaillierte Folge aller Martern, die ein gewisser Damiens am 2. März 1757 „vor dem Haupttor der Kir-

che von Paris“[139] zu ertragen hatte, folgt abrupt eine jener anderen Erzählungen, die paradigmatisch für die zu Beginn der Neuzeit eingeleitete Veränderung des Strafens steht und die sich der „Gelehrigkeit“ der Körper verschreibt: Léon Fauchers auführlicher Bericht über ein Gefängnisreglement aus dem Jahre 1838.[140]
Die mittelalterlichen öffentlichen „Strafschauspiele“ mit ihren exzessiven Inszenierungen von Brutalitäten, die den zu bestrafenden Gewalttaten oft genug in nichts nachstanden, ja sie im Gegenteil oft um ein Vielfaches übertrafen, ließen Richter und Henker oft selbst als Willkür-Folterer und Verbrecher erscheinen. Maßlose Mißhandlungen förderten nicht nur öffentliche Aufstände der gaffenden Menge, sondern initiierten, wie Foucault schreibt, ein neues Zeitalter der Strafjustiz[141] und „eine neue Moral des Strafaktes“[142]. Durch den zunehmenden Widerstand der verschiedenen ‚Öffentlichkeiten‘ wird die Justiz schamhaft.[143] Der „Straf-Stil“ ändert sich und mit ihm der *Ort*, an dem gestraft wird. Es waren insbesondere Proteste von Philosophen, Rechtskundigen und Rechtstheoretikern, Juristen und Richtern, die zur Verwandlung der „peinlichen Strafen“[144] in zunehmend individualisierte „Akt[e] des Verfahrens oder der Verwaltung“ geführt haben. So verschwand das öffentliche „Zeremoniell der Strafe“[145] über viele Entwürfe von Theorien, Gesetzesbüchern und Rechtfertigungsschriften hinweg allmählich von der Straße.

Ich habe gesehen, wie die Erde mit Rädern, Galgen, Prangern übersät war[146] Heute können wir eine Umkehr dieser Tendenz beobachten. Wie wir gesehen haben, bewaffnen sich die Städte wieder. Überwachungs- und Strafinszenierungen sind in den öffentlichen Raum zurückgekehrt. Nicht mehr mit Rädern, Galgen und Prangern ist die Welt übersät, an ihre Stelle sind elektronische Augen und Ohren getreten. Bildschießanlagen. Diskret, sauber, still. Gerade der Aspekt der *Scham*, damals ein wichtiger Grund für die Einführung diskreterer, leiserer Formen des Strafens, ist heute bedeutungslos. Wir befinden uns an der Schwelle zum Übergang von bürokratischen zu medial-inszenierten Praktiken des Schau-

spiels. Dazu nur ein Beispiel: der zum harten „Ellbogengeschäft" avancierte „Helikopter-Journalismus"[147], dessen Produktionsmaschinerie in Los Angeles, insbesondere zu den Hauptsendezeiten der Fernsehstationen, die Straßen und Wohnquartiere der Stadt mit ohrenbetäubendem Lärm überzieht, um die Sender mit „Instant-News" einzudecken. Nicht selten, liest man, buhlen zehn solcher Flugmaschinen nach eingespielter „Hackordnung" um dieselbe Straßenszene und sorgen dafür, daß Verfolgungsjagden, Geschäftsplünderungen oder Todesfälle am Bildschirm live verfolgt werden können.
Die Schwelle der Scham wird in umgekehrter Richtung überschritten: Was bisher seinen Ort in der Verborgenheit hatte, kehrt unter die Augen aller zurück. Um das Charakteristische der heutigen Praxis zu verstehen, brauchen wir beide Bestimmungen Foucaults. Erst im Zusammenspiel des mittelalterlichen Aspekts des ‚Schauspiels' *und* neuzeitlicher disziplinarischer Kontrolle, überhöht und verfeinert durch die überwältigende Macht der Medien und Technologien, wird Überwachen und Strafen heute zum faszinierenden Superschauspiel. Die ursprünglich angestrebte „Diskretion in der Kunst des Zufügens von Leid"[148] ist obsolet geworden. Sie ist den heutigen Usurpatoren des städtischen Raumes kein Anliegen mehr. Haben sie – anders als die feudalen Herrscher und deren Strafjustiz – gar nichts zu befürchten? Keinen Widerstand der „Gelehrten"? Keine Tumulte? Keine Aufstände?[149]

Die Seele – eine Illusion? „Man sage nicht, die Seele sei eine Illusion oder ein ideologischer Begriff. Sie existiert, sie hat eine Wirklichkeit, sie wird ständig produziert – um den Körper, am Körper, im Körper – durch Machtausübung an jenen, die man bestraft, und in einem allgemeineren Sinn an jenen, die man überwacht, dressiert und korrigiert [...] und ein Leben lang kontrolliert."[150] Auf den ersten Blick mag es höchst erstaunlich erscheinen, daß ausgerechnet in Michel Foucaults *Überwachen und Strafen* der Begriff „Seele" auftaucht. Nicht als „wiederbelebtes Relikt" einer vergangenen theoretischen, religiösen oder ideologischen Bestimmung, nicht

als ein Jenseits des Körpers, nein, im Gegenteil, als der „aktuelle Bezugspunkt einer bestimmten Technologie der Macht über den Körper“[151].
Diese Macht nimmt heute neue Formen an. Sie erreicht alle Dimensionen der Realität, von der Gen- über die Biotechnologie (Chips im Körper) bis zur Überwachung städtischer und großräumlicher Territorien. Immer steht der Körper im Mittelpunkt des Geschehens. Die Wirklichkeit der Seele, von der Foucault spricht, ist *historisch* und im Unterschied zur christlich vorgestellten nicht „schuldbeladen und strafwürdig“ geboren, sondern „aus Prozeduren der Bestrafung, der Überwachung, der Züchtigung, des Zwangs“[152]. Wenn die Richter der Neuzeit, wie Foucault bemerkt, nicht nur „etwas anderes“ tun „als über Verbrechen richten“, sondern auch „etwas anderes tun, als zu richten“[153], was anderes tun sie dann? Und wenn sie darüber hinaus auch nicht mehr die einzigen sind, die richten, wenn ihnen ein ganzes Netz aus gesellschaftlichen Institutionen, Instanzen und Disziplinen zur Seite steht, all jene *orthopädischen Disziplinen und Hilfswissenschaften*[154], worüber richten all die Hilfskräfte denn? Foucault nennt sie *Verhaltenstechniker* oder: *Ingenieure der Menschenführung, Orthopäden der Individualität*[155]. In seiner „Armee von Technikern“ – *Aufseher, Ärzte, Priester, Psychiater, Psychologen, Erzieher* – fehlt die nachfolgende Generation: die Armee der Sicherheitsfunktionäre und -ideologen.[156]

Gelehrige Körper Foucault schreibt, daß die Strafsysteme unserer Gesellschaften einer bestimmten „politische Ökonomie des Körpers“[157]zuzuordnen seien. Mit politischer Ökonomie ist hier die Art und Weise gemeint, wie „der Körper und seine Kräfte“[158] gelehrig und nützlich gemacht, wie er unterworfen wird. Es gebe also noch ein anderes als das biologische Wissen vom Körper und der „Meisterung seiner Kräfte“[159]. Um dieses andere Wissen und um diese Meisterung geht es in der „politische[n] Ökonomie des Körpers“[160]: Es handle sich um eine von „Apparaten und Institutionen“ eingesetzte „Mikrophysik der Macht“. Um diese Art der Macht zu begreifen, sollte sie nicht als eine Form von Besitz «*(erste)* Es geht [...] darum, die Macht an ihren Grenzen, in ihren äußersten Verästelungen, dort, wo sie haarfein wird, zu erfassen, [...] in ihren regionalsten und lokalsten Formen und Institutionen zu packen, besonders dort, wo sie sich über die Rechtsregeln, von denen sie organisiert und begrenzt wird, hinwegsetzt und sich konsequent über Regeln diese hinaus verlängert, sich in die Institutionen eingräbt, in Techniken verkörpert und zu materiellen, vielleicht sogar gewaltsamen Interventionsinstrumenten greift.

(zweite) die Macht dort [...] studieren, wo [...] sie sich festsetzt und ihre realen Wirkungen entfaltet. Wir fragen [...]: Wie geschehen die Dinge zum Zeitpunkt, auf der Ebene, an der Wurzel der Unterwerfungsprozesse oder in den fortgesetzten und ununterbrochenen Prozessen, die die Körper unterwerfen, die Gesten lenken und die Verhaltensweisen bestimmen? [...] wie sich allmählich, schrittweise, tatsächlich und materiell die Subjekte, das Subjekt, auf der Basis der Vielfalt der Körper, Kräfte, Energien, Materien, Wünsche und Gedanken usw. konstituiert haben.

(dritte) Die Macht [...] läßt sich nie aneignen wie Reichtum oder ein Gut. Die Macht funktioniert. Die Macht

verteilt sich über Netze, und in diesem Netz zirkulieren die Individuen nicht nur, sondern sind stets auch in der Position, diese Macht zugleich über sich ergehen zu lassen wie sie auszuüben. Sie sind niemals nur unbewegliche und zustimmende Zielscheibe dieser Macht, sie sind immer auch deren Schaltstellen. Anders gesagt: die Macht wird von den Individuen weitergegeben [...]. Das Individuum ist also nicht das Gegenüber der Macht; es ist eine ihrer ersten Wirkungen. Das Individuum ist ein Machteffekt [...].

(vierte) Ich denke, man sollte [...] von den unendlich kleinen Mechanismen ausgehen, die ihre eigene Geschichte, ihren eigenen Weg, ihre eigene Technik und Taktik haben, um dann zu erforschen, wie diese Machtmechanismen, die ihre Stabilität und in gewisser Weise ihre eigene Technologie haben, von immer allgemeineren Mechanismen und globaleren Herrschaftsformen besetzt, kolonisiert, verwendet, umgebogen, transformiert, verlagert und ausgedehnt wurden und immer noch werden.»

Michel Foucault, In Verteidigung der Gesellschaft. Vorlesungen am Collège de France (1975-76), Frankfurt am Main 1999
(Auszüge aus fünf methodischen Vorkehrungen)

mißverstanden, sondern als „sich entfaltende Macht“ gesehen werden. Ihre Wirkung bestehe nicht in irgendwelchen Formen des Eigentums oder der „‚Aneignung‘“ von etwas, sondern in „Dispositionen, Manövern, Techniken, Funktionsweisen“. Sie sei nicht Privileg, eher müsse sie als „Netz von ständig gespannten und tätigen Beziehungen entziffert“[161]werden.
Was heißt das heute? Beispielsweise, daß nicht nur, wer Videokameras über sich entdeckt oder nur schon von ihnen weiß, sich anders zu benehmen beginnt: vorsichtiger, ängstlicher, nervöser, kontrollierter. Daß auch wer die Angebote aus den Katalogen der wie Pilze aus dem Boden schießenden Sicherheitsfirmen kennt, Krawatten, Uhren und Brillengestelle mit anderen Augen sieht. Nicht länger nur als Accessoires, sondern als Instrumente der Bedrohung, ihre Träger als potentielle Beobachter, heimliche Mithörer, als Verfolger in geheimem Auftrag mit nicht identifizierbarem Interesse. Auch für die Machtverhältnisse in diesen neu instrumentierten, atmosphärisch mit Unausgesprochenem, Unsichtbarem, Unheimlichem aufgeladenen Räumen gilt Foucaults Beobachtung: Sie „legen ihre Hand auf ihn [den Körper, EB], [...] verpflichten ihn zu Zeremonien, verlangen von ihm Zeichen.“[162]
Die aktuellen Praktiken drehen sich in einem bisher nicht gekannten Ausmaß um den Körper als „Instrument und Vermittler“[163]. Er wird zwar nicht mehr zerstückelt, seine exponierten Stellen nicht mehr mit glühenden Zangen traktiert, kein flüssiges Blei oder Öl über ihn gegossen. Und dennoch dreht sich alles um ihn. Um seine Anwesenheit und seine Abwesenheit, um sein Erscheinungs- und Bewegungsbild[164], um seine potentielle Ähnlichkeit mit anderen Körpern, um seine Bewegungen, um seine Spuren, ja selbst um seine vergangenen Bewegungen und Erscheinungsweisen geht es. Um den erweiterten Körper, um seine Beziehungen zu allen möglichen Formen von Raum, um seine Beziehungen zu anderen Menschen, zu Geräten und Instrumenten.

Ein neutrales, umfassendes, unheimliches Interesse Die neuen Überwacher sind an jedem einzelnen Körper interessiert, gleich

ob er temporär oder permanent zur Stadt gehört, ob er ankommt oder abreist oder sich mit anderen trifft. Jede seiner Bewegungen ist zunächst einmal *gleich* interessant, *gleich*wertig. Dieses *neutrale Interesse*, das a priori keine Grenzen kennt, keine Unterschiede macht und alles für gleich wichtig nimmt, ist bisher unbekannt und produziert, nachdem man seinen eigenartig fremden Charakter ein Stück weit begriffen hat, Unruhe, ja Angst. Denn sobald man auf die Straße tritt, hat man in diesem neutralen Interesse einen potentiellen, unter Umständen permanenten Begleiter. Man muß mit ihm rechnen, da gibt es nichts zu verhandeln. Nur diese neue Gewißheit, daß die Beziehung nur eine Richtung kennt und damit keiner Gewißheit im bisherigen Verständnis des Begriffs gleicht. Im Gegenteil. In der Stadt unterwegs sein heißt fortan, in einen erhöhten Spannungszustand versetzt zu sein.
Wie sind Reaktionen von Befragten überwachter Territorien zu bewerten? Soll man Antworten wie die eines jungen Schwarzen – „It's a good idea, good idea" – als erste Reaktion überraschter, nicht informierter und hilfloser Bürger sehen? Oder als Identifikation mit dem Aggressor: „Wenn Du nichts zu verstecken hast, ist es okay"? Oder als eine Mischung zwischen Resignation und vorauseilender Unterwerfung: „Keine Geheimnisse mehr, jeder weiß, wo Du bist, ich habe nichts dagegen"? Oder handelt es sich um Reaktionen einer depolitisierten Übergangsgeneration, der schlicht die Erfahrung fehlt, die sich verändernde Wirklichkeit als Angriff auf ihre Bewegungsfreiheit zu sehen? Oder müßte man die Reaktion eines empörten älteren Mannes – „Ich verabscheue das. Ich hasse das. Es ist ein Anschlag auf das Privatleben" –, der auf die Frage, warum die meisten nichts dagegen hätten, hilflos lächelnd sagt: „Ich weiß nicht, ich weiß nicht"[165], als ‚fossile' Reaktion einer bald untergegangenen Generation sehen?
Öffentlich strafen oder züchtigen ist also nicht länger „lästiges Geschäft". Im Gegenteil, es sieht so aus, als ob es wieder „ruhmvoll"[166] wird. Diese Praktiken kehren allerdings als etwas anderes in den Stadtraum zurück, ihr Charakter hat sich wesentlich verändert. Sie haben sich aus dem Strafjustizzusammenhang gelöst und wen-

den sich nun unterschiedslos an alle Stadtbewohner. Ihre Präsenz ist nicht akzidentell, sondern konstitutiv im städtischen Raum verankert. Nicht nur ihre Präsenz ist eine andere geworden, auch ihre Initiatoren und Adressaten sind andere. Bislang konnte man davon ausgehen, daß, wer bestraft, dazu im Regelfall auch legitimiert ist. Heute überwacht und straft auch, wer Interessen jenseits dieses ursprünglich rechtlichen Zusammenhangs anmeldet. Die aktuellen Praktiken zeichnen sich durch viererlei aus: *erstens* durch ihr Herausgelöstsein aus strafbaren Handlungszusammenhängen, *zweitens* durch ihre nicht akzidentelle, sondern vielmehr konstitutive Anwesenheit im städtischen Raum, *drittens* durch ihre Initiatoren und *viertens* durch ihre Addressaten.
Gerade die Verknüpfung der Rückkehr in den städtischen Alltag mit der Tatsache, daß die „Ökonomie der suspendierten Rechte"[167] nicht mehr länger an die Bestrafung eines Vergehens oder Verbrechens gebunden ist, läßt sie Teil der Alltags*kultur* werden. Eine gewaltige, außergewöhnliche Verschiebung. Nicht mehr wer gegen das Recht verstößt, muß mit Verlust von Rechten rechnen, sondern buchstäblich alle. Der *Raum der suspendierten Rechte* ist nicht länger Heterotopos, nicht mehr länger ummauerter Ort. Er läßt seine Mauern fallen; er weitet sich bis zu den Grenzen der Stadt.

Besserungsanstalt Stadt Die Stadt selbst wird zum Raum der Disziplinierung und Züchtigung. Sie ist zwar nicht Gefängnis, wird aber zum Ort, an dem das „System von Zwang und Beraubung, von Verpflichtungen und Verboten"[168] installiert und wirksam wird. Die Grenzziehung zwischen Orten der Freiheit und Orten der Unfreiheit geht verloren, in gewissem Sinne ist sie aufgehoben. Statt der klaren Scheidung von Räumen freier Beweglichkeit (Stadt) und unfreier Beweglichkeit (Gefängnis) gibt es nun Abstufungen der unfreien Bewegungsmöglichkeiten. Wie in Benthams *Panoptikum* sind auch in den überwachten Städten alle jederzeit beobachtbar, jedoch in umgekehrter Weise. Im panoptischen Gefängnis wußten die Insassen, aus welcher Richtung der kontrollierende Blick kam, in den überwachten Städten weiß es

niemand. Disziplinierung wird allgegenwärtig. *Die Städte werden zu Besserungsanstalten.* Sie sind Territorium für die Züchtigung von Körper und „Seele“, für all „jene Schatten“[169] des sichtbaren Menschen, die die geltenden Normvorstellung gefährden könnten. Disziplinierung ist nicht länger temporäre Intervention, sie ist ununterbrochen und allüberall präsent.
Die neuen Überwacher tun etwas anderes als nur beobachten und eingreifen, wenn etwas passiert. Die Grenzen, entlang welcher sie eingreifen, sind nicht bekannt. Sie stützen sich nicht immer auf gesellschaftliche Vereinbarungen oder geltendes Recht. Sie finden stets neue Nischen. Die Praktiker der Disziplinierung sind unheimlich, weil sie auf undurchsichtige Art und Weise operieren. Ihre Instrumente und ihre Präsenz zeugen von Normen, die sich nur unscharf erkennen lassen. Eigentlich wäre zu fragen, ob oder inwieweit diese Praktiken Teil einer *politischen* Strategie sind – oder ob der erweiterte „Polizeiapparat“ als Staat im Staat mehr oder weniger selbständig Politik macht.

Subversion von oben An dieser Art Politik ist ein unerwartetes Merkmal zu bobachten: Subversion von oben. Bislang konnotierte man den Begriff Subversion mit bestimmten Formen politischer und künstlerischer Theorie und Praxis. Geht es der ersteren um den beschleunigten Umsturz der politischen Macht, so geht es in der Kunst um eine Verschiebung der Aufmerksamkeit, um eine Veränderung der Wahrnehmungsfähigkeit. Inzwischen nehmen subversive Aktionen ihren Ausgang dort, wo man dies zuletzt erwartet hätte. Ausgerechnet die Polizei, die Sicherheitsindustrien und -dienste, jene Kräfte also, denen es traditionellerweise um die Kontrolle subversiver Praxis geht oder um die Bereitstellung der notwendigen Techniken und Instrumente, werden selber subversiv tätig. Sie sind es, die, teilweise in gesetzlichem Niemandsland, gesellschaftliche Vereinbarungen und Konventionen mit ihren Mitteln unterlaufen. Ihre Experimente führen nicht nur, wie bei Foucault, „zur Geburt des Menschen als Wissensgegenstand“[170], sondern darüber *hinaus zur Herstellung des zukünftigen Städters.*

«Künftig werden alle E-Mails, die in der Schweiz hin- und hergeschickt werden, registriert. Die Informationen über Absender, Empfänger, Datum und Sendezeit werden sechs Monate lang gespeichert. Betroffen von der Aktion sind sämtliche Schweizer Internetprovider. Sie sollen die E-Mail-Daten ihrer Kunden sammeln und dem Bundesamt für Umwelt, Verkehr, Energie und Kommunikation (Uvek) bei Bedarf zur Verfügung stellen. So verlangt es das Bundesgesetz zur Überwachung des Post- und Fernmeldeverkehrs, das seit Anfang dieses Jahres in Kraft ist. Nur: Was eigentlich Kriminellen, die ihre Verbrechen mit Hilfe des Internets planen, das Handwerk legen soll, tangiert vor allem unbescholtene E-Mail-Benutzer. Diese Pauschalüberwachung stösst auf Kritik: ‹Die Daten werden gesammelt, ohne dass ein konkreter Verdacht für eine Straftat vorliegt›, sagt Bruno Baeriswyl, Datenschutzbeauftragter des Kantons Zürich. ‹Wer garantiert, dass sie nach sechs Monaten wirklich gelöscht werden?› Auch die Provider, die vor kurzem über die Details der Massnahmen informiert wurden, zeigen sich wenig begeistert. Um die Auflagen des Bundes wie gefordert bis März 2003 zu erfüllen, müssen sie tief ins Portemonnaie greifen – die Zeche zahlen die Kunden, denn auf diese werden die Kosten am Schluss abgewälzt. [...] Die Kunden müssen nicht nur mit höheren Preisen rechnen – sie sollen über die präventive Speicherung ihres E-Mail-Verkehrs auch nicht informiert werden. Weder Internetanbieter noch das Uvek haben vor, die Nutzer zu benachrichtigen. Die Provider verweisen auf ihre allgemeinen Geschäftsbedingungen, die zum Teil entsprechende Hinweise enthalten, der Bund schiebt das Gesetz vor, das jeder einsehen kann.»

Andrea Bleicher, Claudia Imfeld, Sonntagszeitung, Zürich, 12. Mai 2002

Überwachung und Disziplinierung sind Instrumente der Krisenbewältigung. Neben der Biotechnologie verändern auch sie die Menschen, die Beziehungen zwischen ihnen und ihr Verhältnis zum Raum. Noch ist unklar, wer aufgrund welcher Interessen und Entscheidungsstrukturen mit wem zusammenarbeitet, welche Art von Tausch hier wirksam ist, und was die Menschen dazu bringt, dem Aufruf, selber zu Partikeln von Kontrollinstanzen zu werden, zuzustimmen. Als Hilfspolizisten zu agieren. Ein Job mit Sinn, wie es scheint. Engagement und Teilnahme an ‚Verantwortung' sind die sprachlichen Verführer, mit denen die geschulten Vertreter der öffentlichen Sicherheit operieren. Das Verlangen nach Unterwerfung oder Sinn zeigt sich in der Bereitschaft, sich in den Dienst einer ‚Verantwortung' zu stellen, die sich nicht mehr am einzelnen und schon gar nicht am ‚mündigen' Individuum und dessen Wohlergehen orientiert, sondern an den ideologischen Gespenstern Sicherheit und Sauberkeit. Dieses Verlangen zeigt sich ebenso in der Übernahme der von den Sicherheitsfunktionären gesetzten Maßstäbe, dies durchaus auch in einem pseudo-moralischen Sinn.

Bis zum geheimsten Fühlen All diese Praktiken produzieren Angst und Bedrohung und damit die Bereitschaft zu Anpassung und Unterwerfung über das ohnehin zu erwartende Niveau hinaus. In summa geht es um die Einebnung von Verhaltensformen und Eigenarten. Hergestellte Ausweglosigkeit, Abhängigkeit und Bedrohung sind die entscheidenden Elemente einer autoritären Struktur. So beginnt, was Max Horkheimer in *Theoretische Entwürfe über Autorität und Familie* die „faktische Bejahung eines bestehenden Abhängigkeitsverhältnisses"[171] nennt. Diese faktische Bejahung ist doppelt bestimmt: Sie besteht nicht bloß in der Anerkennung von Abhängigkeit, sondern, mehr noch, in der „Unterordnung des alltäglichen Lebens bis in das geheimste Fühlen"[172]. Diese Bestimmung der autoritären Struktur kommt dem von Hannah Arendt herausgearbeiteten „Ziel der totalitären Ideologie" sehr nahe. Letztere begnüge sich nicht mit der „Umformung der äußeren Bedingungen menschlicher Existenz", vielmehr gehe es ihr um

„die Transformation der menschlichen Natur selbst“[173], indem sie die Menschen so organisiere, daß sie sich nach den Gesetzen einer Fiktion bewegen, um die „das Lügengespinst der Propaganda“ gewoben werde.[174]
Ausweglosigkeit und Abhängigkeit lassen die Anpassung an die neuen Existenzbedingungen in der überwachten Existenz – ein langwieriger geistiger und psychischer Umgestaltungsprozeß – allmählich als vernünftig erscheinen. Das ist „plastische Arbeit“[175] an der Substanz des Wahrnehmens, des Denkens, des Sprechens, aber auch an der Substanz der Räume selbst. Dieser Umgestaltungsprozeß reicht nicht nur bis zum „geheimsten Fühlen“. Irgendwann wird er das „geheimste Fühlen“ selbst umgestaltet haben.

Man brennt Etwas ein In Wechselwirkung mit diesen offensichtlich unausweichlichen Tatsachen werden Eigenschaften oder Reaktionsweisen entwickelt und allmählich verfestigt, die man mit Horkheimer die „bewußte oder unbewußte, jeden Schritt des Einzelnen mitbestimmende Fähigkeit“ nennen könnte, „sich ein- und unterzuordnen, die Eigenschaft, bestehende Verhältnisse als solche im Denken und Handeln zu bejahen, in Abhängigkeit von gegebenen Ordnungen und fremdem Willen zu leben“. Die Autorität wird „ein Kennzeichen der gesamten Existenz“[176]. „‚Man brennt Etwas ein, damit es im Gedächtnis bleibt: nur was nicht aufhört, weh zu tun, bleibt im Gedächtnis‘ – das ist ein Hauptsatz aus der allerältesten (leider auch allerlängsten) Psychologie auf Erden“[177], zitiert Horkheimer Nietzsche aus dessen *Zur Genealogie der Moral.*

‚Soziale Plastik‘ Stadt Joseph Beuys‘ Formulierung eines erweiterten Kunstbegriffs verdanken wir die Idee, die Trennung von ästhetischem und gesellschaftspolitischem Denken im plastischen Arbeiten am Gesellschaftskörper aufzuheben – den vielleicht wichtigsten und zugleich am heftigsten überhörten Beitrag der Kunst in der zweiten Hälfte des vergangenen Jahrhunderts. Spätestens mit diesem Konzept können die oben skizzierten Vorstellungen und Praktiken zur ‚Rettung‘ der Städte unmittelbar und unwiderruflich als „plastische“ Arbeit an der Stadt gesehen werden. Sie führen direkt zu Beuys‘ Begriff der „Sozialen Plastik“[178], ins Herz eines Kunstbegriffs, der uns keine andere Wahl läßt, als solche alltäglichen und zugleich außergewöhnlichen Angelegenheiten als Sache der Gestaltung am sozialen Organismus Stadt zu begreifen. Was Beuys‘ erweiterten Kunstbegriff so aktuell macht, ist der Umstand, daß Beuys nicht einfach von schönen Kunst- oder Design-Objekten spricht, sondern von realen gesellschaftlichen Prozessen. Er radikalisiert seine Haltung gegen rein formalistisches künstlerisches Tun: Bilder malen jenseits des erweiterten Kunstbegriffs „läuft sich [...] tot“. Die Kunst verkommt zu „modischen Effekten“, sie hat „keinen Grund mehr“[179]. Beuys‘ Begriff hingegen plädiert für Einmischung, dafür, zu begreifen, daß die Arbeit an der *Sozialen Plastik* beim Wahrnehmen und Reflektieren gesellschaftlicher Veränderungen beginnt: „Denken ist bereits Plastik“[180]. Beuys war *derjenige* Künstler des zwanzigsten Jahrhunderts, der die Kunst wieder an die gesellschaftliche Realität zu binden gesucht hat. Unermüdlich hat er das alte gespaltene Zweiergespann *Ästhetik und Politik* als gesellschaftsveränderndes Instrumentarium neu belebt und formuliert. Mit dem berühmten, gründlich mißverstandenen Schlagwort „Jeder ist ein Künstler“[181] hat er versucht, den Ort des Handelns und der Verantwortung für die gesellschaftliche Wirklichkeit in die Hände und Köpfe der Individuen zurückzuverlegen. Beuys‘ entschiedene Absicht, den Kunstbegriff aus seinen positiv-ästhetischen Fesseln herauszusprengen und ihn als „Jedermannsbegriff“ zu positionieren, führte ihn zu der Frage: „Wie kann jedermann [...] ein Gestalter, ein Plastiker, ein Former am sozialen Organismus werden?“[182]

Wie hat Beuys den Kunstbegriff erweitert? Welche gesellschaftlichen Fragen an ihn geknüpft? „Ich will davon weg“, schreibt er, „wie die Gestaltungsfrage auf die Künstler geworfen wird oder auf die Kunst so im traditionellen Sinn. Ich möchte [...] daß die Menschen sich selbst erleben, als mit dieser Frage befaßt, kontinuierlich, und daß sie dann, indem sie dauernd diese materiellen Prozesse herstellen, imgrunde auch erleben, daß die soziale Skulptur eine Notwendigkeit ist, und auch erleben, daß es notwendig ist, Dinge wahrzunehmen, die man normalerweise nicht wahrnimmt. [...] Man kann sich so [...] schulen, daß man [...] die Erkrankung des sozialen Organismus [...] und seine plastischen Bewegungen wahrnimmt, das heißt wieder Gestaltetes, also die gegenwärtige Gestalt des sozialen Organismus [...]. Das ist ein skulpturaler Begriff, den kriegt man erst, indem man das alles übt. Man nimmt dann also skulpturale Dinge wahr, die nicht wahrnehmbar sind mit einem gewöhnlichen Wahrnehmungsapparat."[183]

Der politische Acker Beuys wollte seine Zuhörer für die Frage sensibilisieren, *wie* denn „die menschliche Gesellschaft gestaltet sein" soll.[184] Eine Frage, die wir von der politischen Philosophie kennen. Für ihn eine Frage der Gestaltung, in die jeder *notgedrungen* verstrickt sei. Deshalb ist ihm die Vorstellung, daß nur einige wenige Künstler sind, unmöglich, und so hält er es für notwendig, sich gegen die „Gefahren" der Nichtwahrnehmung und deren Folgen, „die alle da sind, die bereits ihre furchtbaren Schäden angerichtet haben", zu wappnen und ihnen etwas entgegenzusetzen. „Das kann man als den politischen Acker bezeichnen", sagt er und räumt im selben Atemzug ein, daß der Begriff ungenau sei. Es handle sich vielmehr um eine „Gestaltungsaufgabe im Ganzen."[185]
Der „politische Acker" ist heute durchurbanisiert. Städte sind die am heißesten umkämpften „Sozialen Plastiken", die Hauptschauplätze drastischer gesellschaftlicher Veränderungen. Folgt man den Überlegungen der amerikanischen Sozialwissenschaftlerin Saskia Sassen, dann sind sie nicht einfach austauschbar, wie uns dies global operierende Unternehmen weismachen wollen. Im Gegenteil: Sie sind die Orte, wo Topmanagement und Kontrollfunktionen sich konzentrieren, wo die Zunahme von bestbezahlten auf der einen und niedrigstbezahlten Arbeiten auf der anderen Seite die Mittelschichten allmählich ausdünnen, wo die sozialen Ungleichheiten wachsen, wo Konsumartikel und Konsumeinrichtungen immer mehr auf diese beiden wachsenden Gruppen zugeschnitten werden: teure Brands für die schicken, riesige Haufen von Lumpenwaren

für die billigen Viertel. Die Städte seien heute *die* Orte, schreibt Sassen, in denen sich die „Entwertung der Menschen abspielt", „strategische Terrains für Konflikte"[186]. Mit Beuys gesprochen sind sie *dasjenige* plastische Material, von dessen Bearbeitung alles abhängt: Im schlechtesten Fall werden sie zu Schauplätzen nackter Überlebenskämpfe von immer mehr Menschen, im besten Fall zu solchen, in denen Raum geschaffen wird – im wörtlichen wie im übertragenen Sinne – für die *notwendigen* Auseinandersetzungen darüber, wie die Städte nicht nur Orte des Überlebens, sondern Orte des guten Lebens für möglichst viele werden könnten. Nicht nur für etablierte, sondern auch für fremde Einheimische.

Fremde in der Stadt Die alltägliche Auffassung des Fremden? Von Georg Simmel stammt die kürzeste und prägnanteste Antwort: „Der Wandernde, der heute kommt und morgen geht."[187] Mit diesem Satz sind *willkommene* Fremde gemeint, Menschen, die durch ihren Besuch ein Stück Welt in die Stadt bringen und uns das Vergnügen bereiten, die Grenzen unseres Alltags dadurch zu verfeinern, daß sie uns an vergessene Neugier und eingedämmerte Tagträume erinnern.

Simmel verdanken wir auch eine ebenso entscheidende Verschiebung des Begriffs: „der, der heute kommt und morgen bleibt"[188]. *Dieser* Fremde gehöre (dennoch) nicht zu der Gesellschaft, in der er lebt. Sein Anderssein bringe es mit sich, daß er den Ort, an dem er sich niederläßt, in eine gewisse Unruhe versetzt. Sein doppeltes Verhältnis zum Raum – daß er bleibt und doch potentiell eher als die anderen irgendwann zum Aufbruch neigt – sei sowohl „Bedingung" als auch „Symbol" seiner Beziehungen zu den anderen. Anknüpfend an *sein* Bild der europäischen Juden zeichnet Simmel die Figur des Fremden positiv: als Ausdruck eines charakteristischen Verhältnisses von Nähe und Ferne, das dem Fremden eine „besondere Attitüde des ‚Objektiven'"[189], Distanz trotz Nähe verleihe. Die Gleichzeitigkeit von Gleichgültigkeit – Ergebnis einer bestimmten „Verdünnung der Wirksamkeit des Gemeinsamen"[190] – *und* Engagement ermögliche Ansässigen eine Offenheit, die bis zum überraschendsten Geständnis dem Fremden gegenüber reichen könne. Mit ihm verbindet sich ein Blick hinaus aus der Enge einer überdeterminierten Intimität, die Menschen Nicht-Fremden gegenüber meist vorsichtig, ja verschlossen macht, selbst wenn dem Fremden, auf welchen in prekären Situationen tendenziell der Verdacht falle, äußerstenfalls die Rolle des Unruhestifters zugesprochen wird. Simmels *Fremde* sind nicht Feinde. Wie auch immer das Ferne des Fremden, das in die Nähe rückt, gedacht ist, es signalisiert zuerst Freiheitliches, wenn nicht gar Erleichterndes. Nur an einer Stelle seines Aufsatzes, dort, wo er auf das Schisma in der Position des Fremden – ein Innerhalb, das zugleich ein Außerhalb und Gegenüber einschließe – zu sprechen kommt, stellt Simmel ihn den „Armen“ und den „mannigfachen ‚inneren Feinde‘[n]“[191] einer gegebenen Gesellschaft zur Seite. Was Simmel mit diesem Hinweis nur streifte, ist heute akut und durchzieht als Schlagzeile nicht nur die Medien. Es beschäftigt auch die große Politik, die Stadtplanungs- ebenso wie die Sozialämter. Die Gesellschaften der westlichen Welt rüsten sich gegen *zwei neue Arten von Fremden*, die von den von Simmel beschriebenen signifikant abweichen. Die gegen sie getroffenen Maßnahmen sprechen eine immer deutlichere Sprache: Man behandelt sie als *innere Feinde*.

Schattenmenschen, Schattenexistenzen Die einen sind immer noch Fremde im Wortsinne, Migranten: „Hunderttausende Einwanderer leben illegal im Land. Sie gehen arbeiten, zum Arzt oder zur Schule. Ohne Papiere, ohne Krankenschein, ohne Rechte.“ Ihre Existenz spielt sich in jener Grauzone ab, die definiert ist dadurch, daß die Menschenrechte an der Schranke der Bürgerrechte enden. Solange die Einklagung von Menschenrechten an die Bürgerrechte irgendeines Staates gebunden ist, ist die fortwährende Produktion Rechtloser garantiert (Arendt). Die Überlebenstechniken von „Schattenmenschen“, von denen oft schon die zweite Generation heranwachse[192], drehten sich um eine Art Knigge für Unauffälligkeit im Straßenalltag – aussehen wie ein Angestellter statt wie ein Bauarbeiter, denn viele Illegale arbeiteten für Hungerlöhne im Bausektor

– und um elementare Menschenrechte: Wohnen, Arbeiten, in die Schule gehen, ärztlich versorgt werden. Ohne Billigjobs, von denen ganze Branchen profitierten, ohne Hilfe von Sympathisanten, ohne die Bereitschaft von Ärzten, notfalls auch gratis zu behandeln, ohne schulische Institutionen, die Kinder auch ohne gültige Papiere aufnehmen, ohne Zivilcourage, zur Not die Grenzen der Legalität zu überschreiten, seien „Existenzen im Untergrund" nicht denkbar. In einigen Städten seien schattenmedizinische Einrichtungen quasi institutionalisiert worden. Die Politik müsse sich, schreiben die Verfasser, diesen sozialen und humanitären Problemen dieser Menschen stellen, denn sie seien da. Simmels eine Charakterisierung des Fremden, Wandernde, die heute kommen und morgen bleiben, trifft auch auf sie zu, allerdings nur im strikten Wortsinne. Die positiven Konnotationen seines Begriffs, wenn sie denn heute noch zur Geltung kämen, verfehlten entschieden die Realität, der sie sich gegenüber sähen.

Fremd werdende Einheimische Für den zweiten Typus des *heutigen* Fremden reicht Simmels Idee nicht mehr aus. Um ihn zu kennzeichnen, muß der Begriff ein weiteres Mal verschoben werden. Nicht mehr um Fremde geht es, die heute kommen und morgen gehen oder bleiben, sondern um *fremd gewordene Einheimische* oder *einheimische Fremde*, von Menschen, die immer schon da waren und bleiben, obwohl sie nicht mehr dazu gehören. Wir sprechen von all denen, die auf dem Weg nach unten sind: ohne Arbeit, ohne Geld, ohne Dach über dem Kopf. Städter, die anderen Städtern Fremde werden. Ihr beinahe u-topisch zu nennendes Verhältnis zum städtischen Raum versetzt sie in die tragische Lage, sich innerhalb eines Ortes, an den sie gekettet bleiben, an irgendeinen Un-Ort verziehen zu müssen. Aus dem noch gültigen *Bild der Stadt* verbannt und doch anwesend, schlägt ihnen Abneigung oder gar Haß entgegen. Gerade daß ihnen die Gesellschaft nicht mehr zugesteht, was ein normales menschliches Leben ausmacht, einen privaten Ort zu haben, an dem man zu Hause ist, Zugang zum städtischen Raum und zu den öffentlichen Einrichtungen der Stadt, läßt *diese* Städter nicht nur anderen Städtern zunehmend unheimlich erscheinen, sondern auch sich selbst: fremd geworden in der heimischen Ordnung, fremd geworden in der eigenen Stadt.

Städtebaupolitik im Rückstand Die Städte sind unverändert so eingerichtet, als ob die patriarchalisch organisierte Kleinfamilie für die meisten noch immer eine lebenslängliche Existenzsicherung garantierte, als ob Existenzsicherung noch immer ausschließlich über den Tausch Arbeitskraft gegen Lohn zu bewerkstelligen sei. Städtische Wohnformen sind noch immer fast ausnahmslos an der Kleinfamilie (der sogenannten Keimzelle der Gesellschaft) und am ungebrochenen, gelungenen Laufbahnleben orientiert. Die Verdichtung sogenannter Sicherheitsvorkehrungen signalisiert: Es gibt Menschen, deren Anwesenheit als riskant, ja als gefährlich angesehen wird. Das Festhalten am gesellschaftlichen Regelfall läuft darauf hinaus, all jene auszuschließen, die von den aktuellen Entwicklungen aus dieser in Auflösung begriffenen, bislang fast ausschließlich Maßstab setzenden Norm-Existenz herausfallen. Jürgen Habermas' Hinweis, daß nur „ein demokratischer Prozeß, der für die angemessene Ausstattung mit und eine faire Verteilung von Rechten sorgt", den „anerkannten Maßstäben sozialer Gerechtigkeit"[193] genüge, weiterhin Solidarität ermögliche, müßte unmittelbare Konsequenzen für die Städtebaupolitik haben. Zu denken ist an all jene Formen der Politik, die bestehende Vorstellungen darüber, was städtisches Leben sein soll und was nicht, konservieren und zur Not, in Zusammenarbeit mit der Polizei, alles Abweichende, das sich nicht mehr in den bestehenden Formen einzurichten weiß, zu verdrängen oder auszuschließen suchen. All jene neuen inneren Barrieren, die das Sich-verändern-Wollende mit allen Mitteln ans Bestehende fesseln wollen und gerade dadurch allmählich die Voraussetzungen dafür aushöhlen, daß soziale und kulturelle Rechte und Privilegien nicht nur für diejenigen bleiben, die Geld genug haben oder deren berufliche Laufbahn ohne Brüche bleibt.

Tragödie der Kultur oder Dialektik ohne Versöhnung Georg Simmel hat davon gesprochen, daß sich in der Geschichte die „Tragödie der Kultur“ notwendigerweise immer wieder ereigne.[194] Michael Landman hat in ihm deswegen den „Philosophen des Tragischen“ gesehen.[195] Die vitalen Prozesse des Lebens schafften sich eine Welt von Formen, in denen diese sich einrichteten: Einem maßgeschneiderten Kleide gleich, bringen diese Formen die jeweils zeitbedingten Lebensäußerungen nicht nur zum Ausdruck, sie ermöglichen, fördern und beherbergen sie auch. Dieses Sich-wechselseitige-Bedingen gilt allerdings immer nur für eine bestimmte Zeitspanne. Die allmählich erstarrenden Formen bleiben aber in der Regel über ihre Zeit hinaus, zu lange also, bestehen, mehr noch, sie entfalten ihre eigenen Gesetzmäßigkeiten und beginnen den sich weiter verändernden Lebensäußerungen Widerstand entgegenzusetzen. Allmählich spitzt sich die Unvereinbarkeit von Lebensäußerungen und Regelformen zu. Veränderungen werden zunehmend behindert, das Leben wird vergewaltigt.
Bei diesen unzeitgemäßen und in ihren Auswirkungen schikanösen Formen handelt es sich, Simmel zufolge, nicht um fremde, äußere Mächte, die dem Leben aufgezwungen würden, auch wenn dies aus der jeweiligen Zeitperspektive so empfunden werden könnte, sondern um Erzeugnisse früherer Lebenszusammenhänge. Die Kultur sei nicht „ihrem Wesen nach“ tragisch, sie trete nur „geschichtlich immer wieder in eine tragische Phase“[196] ein. Aus diesem Wechselspiel gebe es kein Entrinnen, aus der tragischen Phase jedoch sehr wohl. Denn es ist der Konflikt selbst, der in seiner äußersten Zuspitzung die erstarrten Formen zerbrechen läßt, so daß das vitale Geschehen sich in angemesseneren Formen neu einrichten kann: „Dialektik ohne Versöhnung.“[197]

Was auch anders sein könnte, als es ist Wieder ist das *wirkliche reale* Leben weit fortgeschrittener im Zerfall seiner Formen als die Politik, auch als Architekten und Planer dies wahrhaben wollen, und auch als die Städte, so wie sie heute ausgestattet sind, es eigentlich gewähren. Innerhalb ihrer Grenzen und Strukturen ist es zu eng geworden. Es ergeht ihnen kaum anders als den mittelalterlichen und barocken Städten und den Städten zu Beginn der Industrialisierung, deren Angebot an Wohn- und Fabrikationstypen, Befestigungsanlagen, Erschließungs- und Versorgungseinrichtungen weit hinter den zeitbedingten Entwicklungstendenzen zurückblieb. Daß das Beharrungsvermögen festgefahrener Formen und ihrer Verwalter so weit reichen kann, daß erst einmal Zigtausende ihr Leben in Angst, Unsicherheit, Verelendung und Würdelosigkeit fristen müssen, davon zeugen all jene Formen von Politik, die der ‚Erfindung' anderer Existenzweisen im Wege stehen: überholte Gesetze, überholte Formen der Existenzsicherung, an überholten Standards festhaltende Städtebaupolitik. Es ist so kurzsichtig wie leichtsinnig und vermessen, darauf zu setzen, daß diese prekäre Parallelität als Perspektive ausreichen könnte. Es stellt sich die Frage, ob die horrenden Ausgaben für subventionierte Ein- und Ausgrenzung, für Schutz- und Trutzarchitekturen vernünftigerweise nicht besser in zukunftsgerichtete Experimente zu investieren wären. Andere Kosten-Nutzen-Analysen machen allerdings nur dann Sinn, wenn die heute aus der Rechnung ausgeblendeten Aspekte wieder auf den Verhandlungstisch zurückkehren. Unterdrückung, Verdrängung und Vergewaltigung von Menschen ‚zweiter Klasse' führen nicht zu deren Verschwinden.

Lichtblicke? Welche *anderen Bilder* als Foucaults Bild der Kerkerstadt, als die aktuell gepriesene saubere Stadt, als die Realisierung irgendeiner Form von städtebaulicher Apartheid könnten dazu taugen, die eingeschlagene Richtung – Weg von der Freiheit, hin zur Sicherheit – umzudrehen? Welche anderen als die ‚idyllischen' Bilder kleiner, überschaubarer, sicherer Welten, die sich weit entfernt haben von der einstigen Beschwörung des wilden und freien Großstadtlebens? Wie anders wären die Probleme in den Städten in einer Zeit zu lösen, in der, wie Richard Sennett bemerkt hat, die Sorge um den Arbeitsplatz überall eingedrungen ist, das Selbstwertgefühl auflöst, Familien zerrüttet, Gemeinschaften zersetzt und die Atmosphäre am Arbeitsplatz verändert?[198]

Wo bleiben die Vorschläge von Architekten und Städteplanern? Es gibt erschreckend wenige. Nichts Aktuelles. Sennett zufolge ist das „Scheitern [...] das große moderne Tabu“[199]. Architekten und Planer befolgen stillschweigend ein zweites. Sie denken überhaupt nicht daran, Vorschläge zu machen.
„Unsere ‚Kultiviertheit‘“, hat Rem Koolhaas gesagt, „übertüncht eindeutige Symptome einer Feigheit, die sich darauf bezieht, Farbe zu bekennen – die vielleicht wichtigste Sache, wenn man die Stadt ‚machen‘ will. Wir sind gleichzeitig dogmatisch und aalglatt [...]. Unsere augenblickliche Einstellung zur ‚Krise‘ der Stadt ist einigermaßen schizophren [...]. Durch unser heuchlerisches Verhältnis zur Macht – verächtlich aber dennoch gierig – haben wir einen ganzen Berufszweig zur Bedeutungslosigkeit verdammt, uns selbst von der Praxis abgeschnitten und ganzen Bevölkerungen die Möglichkeit kodierender Zivilisationen auf ihrem Territorium genommen – das Thema des Urbanismus. Geblieben ist uns eine Welt ohne Urbanismus [...], nur noch Architektur, Architektur und nochmals Architektur [...], das Verführerische [...] ihre Akkuratheit, [...] sie definiert, schließt aus, umreißt, trennt vom Rest, [...] aber sie verzehrt auch; sie nutzt und erschöpft jene Möglichkeiten, die im Grunde bloß der Urbanismus hervorbringen kann, Möglichkeiten, die nur die besondere Phantasie des Urbanismus ersinnen und wiederbeleben kann [...]. Der Tod des Urbanismus – unser Rückzug in die parasitäre Sicherheit der Architektur – erzeugt eine immanente Katastrophe: immer mehr Substanz wird in absterbende Wurzeln gepumpt. [...] Erst sabotierten wir den Urbanismus, und anschließend haben wir ihn lächerlich gemacht, mit dem Erfolg, daß inzwischen ganze Universitätsabteilungen dicht gemacht werden, Architekturbüros Konkurs anmelden und staatliche Behörden aufgelöst oder privatisiert werden [...].“[200]
Nicht daß Planung nicht weiterhin existierte, schließlich flössen Ströme von Energie und Geld dorthin, nur sei sie oft irrelevant. Was passiert, wenn es zwar auf der einen Seite zu viele teure Wohnungen gibt, auf der anderen aber für all die Tausenden von Mittellosen die Wohnungsfrage ignoriert wird? Koolhaas, unüber-

hörbar sarkastisch: „Die Wohnungsfrage ist kein Problem: Sie ist entweder gelöst oder ganz und gar dem Zufall überlassen worden: im ersten Fall ist das Wohnen legal, im zweiten ‚illegal'; im ersten Fall Hochhäuser oder Scheiben [...] im zweiten [...] eine Kruste aus behelfsmäßigen Baracken. Die eine Lösung beansprucht den Himmel, die andere die Erde. Es ist seltsam, daß die mit dem wenigsten Geld die teuerste Ware bewohnen, den Boden, und diejenigen, die genug Geld haben, das, was umsonst ist – die Luft."[201] Daß Koolhaas seine Kritik am Extremfall vorführt, dort, wo Prozesse der wilden Besiedlung in den Bidonvilles und Favelas großer Metropolen weit fortgeschritten sind, ändert nichts daran, daß es verwandte Probleme auch in den europäischen Metropolen gibt. In konjunktivischer Form hält Koolhaas fest, daß Architekten, hätten sie sich mit den „dramatischen" Entwicklungen auseinandergesetzt, sie „zu nutzen" gewußt, ihre Glaubwürdigkeit wahrscheinlich wiederhergestellt hätten. Er schlägt vor, „Methoden [zu] finden, Unausweichliches zu beeinflussen", andere Vorstellungen von Stadt zu entwickeln und dabei Risiken einzugehen.[202]

Revolutionierung des städtischen Mobiliars Nach ähnlichen Kriterien hatten Paul Virilio und Chilperic de Boiscuillé 1993/1994 den städtebaulichen Wettbewerb *Bojen für Obdachlose*[203] ausgeschrieben, den sie als Mitglieder des vom seinerzeitigen Ministerpräsidenten François Mitterrand ernannten „Hohen Komitees zur Unterbringung benachteiligter Personen" organisiert hatten. Ausgehend von Le Corbusiers Bild des großen Dampfers, das als Gleichnis für die Stadt steht, stellten sie, übersetzt auf die Stadt, die Frage nach Notbojen für die im Stadtschiff vom Untergang Bedrohten. „Wo", fragten sie, „sind die Rettungsinseln in den heutigen Metropolen?" Sie forderten, daß die Stadt neu ausgerüstet, daß das „städtische Mobiliar revolutioniert" werden müsse, und schlugen vor, die Stadt nach ökonomisch uninteressanten Zwischenräumen abzusuchen und diese als „bâlises urbaines", als Rettungsinseln mit Versorgungseinrichtungen „gegen das Scheitern" auszustatten. Als Orte, an denen ganz einfache Dinge wie Gratis-Schließfächer zur

Verfügung stehen, wo man sich waschen, rasieren, Kleider waschen und flicken kann, Orte aber auch mit anspruchsvolleren Infrastruktureinrichtungen (Telefon, Fax, Internetzugang).[204] Mit Grund: wie man aussieht und ob man sich der modernen Kommunikationsmittel zu bedienen weiß, gehört zu den lebensentscheidenden Voraussetzungen dafür, ob man „im gesellschaftlichen Spiel weiter mitzuspielen" in der Lage ist oder nicht.

Stadtpläne anders lesen Was machte den Pariser Wettbewerb so außergewöhnlich? Daß ihm eine andere Lektüre von Städtplänen zugrunde liegt. Wenn wir Städte besuchen oder an Stadtpläne denken, tauchen vor unseren Augen – je nachdem, wie unsere Interessen beschaffen sind – bestimmte *Figuren städtischer Infrastrukturen* auf, Einträge für all jene gesellschaftlichen Aktivitäten, die im Gefüge der Stadt repräsentiert sind: Theater, Bibliotheken, Denkmäler, Feinschmeckerrestaurants, U-Bahn-Stationen, Kirchen, Museen, Shopping Malls, Hotels et cetera. Die Geschichte des Städtebaus lehrt zu verstehen, daß und wie sich wechselnde Machtverhältnisse durch deren jeweilige bauliche Repräsentation im Stadtplan zeigen.
Virilio liest Stadtpläne *gegen den Strich*. Er stellt fest, daß einer wachsenden Gruppe der Bevölkerung das Recht auf unbeschränkten Zugang, auf Repräsentanz abgesprochen wird, daß die zur Verfügung stehenden Einrichtungen nicht nur im wesentlichen für Leute mit Geld da sind, sondern daß diejenigen, die diese Einrichtungen nutzen, es sich dazu noch leisten, dafür sorgen zu lassen, daß Unerwünschte draußen bleiben. Virilio fordert nicht das eine oder andere Obdachlosenheim mehr – meist ohnehin entwürdigende Unterkünfte –, sondern eine neue repräsentative Figur im Stadtplan, eine zusätzliche Struktur von Ausrüstungen oder Einrichtungen, die der neuen städtischen Schicht der Armen das gesellschaftliche Überleben garantieren hilft.[205]
Diese brisante politische Forderung löst deswegen größtes Unbehagen aus, weil sie nicht mehr so tut, als ob sich alles schon irgendwie von selbst ergeben würde und weil sie den immensen Investiti-

onen in Verdrängungsleistungen – den äußerst brutalen und zudem aufwendigen Formen der Ausgrenzung – ein anderes Modell der Investition entgegenstellt. Soll man einen solchen Anfang Integration nennen? Auf jeden Fall wäre es der erste Schritt zur Aufkündigung der üblichen Verdrängungspraktiken, zur Anerkennung einer neuen Realität – und darüber hinaus der Versuch, dieser Realität Raum in der Stadt zuzugestehen, diese Realität im Gefüge der Stadt zu repräsentieren. Der Vorschlag zeigt – hier sei mit Koolhaas' Kriterien argumentiert – eine *strategische Neuorientierung* (Investition in eine neue städtebauliche Figur), die notwendigerweise einer *Kompromißlösung* innerhalb der bestehenden Verhältnisse gleichkommt („Es ist sehr viel dringender, unerträgliche Übel zu beseitigen, als Gutes zu schaffen"[206], sagt Margalit.) Ein Vorschlag aber auch, der Einfluß auf das herrschende Bild der Realität und aufs Denken nehmen kann (immerhin werden Fragen nach heutigen Formen der Existenzsicherung, nach möglichen künftigen Infrastrukturen in den Städten aufgeworfen) und der *innerhalb bestimmter Grenzen Erfolg haben* könnte (immerhin handelt es sich um ein Konzept, das nicht nur den Zugang zu neuen öffentlichen Einrichtungen fordert, sondern diese als Sprungbrett zur Rückkehr ins gesellschaftliche Leben deklariert). Wäre diese Figur erst einmal in ihrer beschriebenen Form in den Städten installiert, dann könnte sie vielleicht sogar unvorhersehbare Weiterungen bewirken. Was zu Anfang allein für die *Sans-Abris* gedacht war, könnte sich zu einer infrastrukturellen Figur für eine viel breiter angelegte Schicht künftiger Stadtbewohner entwickeln. Für all jene nämlich, die nicht mehr das traditionelle Laufbahn-Leben absolvieren werden, die im Laufe ihres Lebens mal Arbeit haben, mal nicht, mal mehr oder weniger begütert sind, mal allein oder in kleineren oder größeren Gruppen leben und davon abhängig sein werden, sich in diesen verschiedenen Phasen ihres Lebens je anders in ihre oder in andere Städte „einstöpseln" zu können.

Die Stadt ist eine Maschine, um sich einzustöpseln Der Begriff *einstöpseln* geht auf die englische Architektengruppe Archigram

zurück, die in den sechziger Jahren, noch unter ganz anderen gesellschaftlichen Bedingungen, ein außergewöhnliches Bild für das Verhältnis zwischen Individuum und Stadt entworfen hat. Ein Bild, das als Beziehungsstruktur auch heute noch Modell sein könnte. In die kürzestmögliche Form gebracht, sei „die Stadt eine Maschine, um sich einzustöpseln". Damit ist auf prägnanteste Weise gesagt, was die nächsten Generationen beschäftigen wird: Städte erfinden, *living cities*, Städte, die atmen, wachsen, schrumpfen und vor allem so ausgerüstet sein müßten, daß sie den wechselnden Bedürfnissen ihrer nomadisierenden Einwohner und Gäste in praktisch jeder Lebenslage unterschiedliche Möglichkeiten der gesellschaftlichen Anbindung bieten können: *Plug-in-Cities* eben.
Living City – paradiesische Zustände! Denn in der Stadt, dort, wo Glück und Raum nicht voneinander zu trennen sind, ist der Mensch das *ultimative Subjekt.* „When you are looking for a solution to what you are told is an architectural problem – remember, it may not be a building."[207] Zwischen Glück und dafür maßgeschneiderten Gebäuden wird wie ein Keil ein zweiter Satz getrieben: „Die Zukunft der Architektur liegt im Gehirn."[208] Damit ist das Dispositiv Archigramschen Agierens aufgespannt, ist die radikale De-Konstruktion von Gewohnheiten in die Wege geleitet.
Archigrams Maximen zeigen, wo der eingeleitete Bruch verläuft. Er beginnt gleich am eigenen Ort des Denkens und Handelns; gebrochen wird mit der üblichen Büroroutine, mit dem zum Stil erstarrten Funktionalismus, mit der Berufs- und Alltagsästhetik, mit dem neutralisierten Verhältnis zu Technik, Utopie, Science Fiction, Comics, Konsum. All das wird in ein dramatisches, fast erotisiertes Verhältnis zum eigenen Beruf gesetzt. Alle wichtigen Fragen werden neu gestellt: Ist ein Haus noch ein Haus, eine Stadt noch eine Stadt? Festgefügte Begriffe werden als unnötige Einschränkungen möglicher Imaginationen begriffen und gesprengt, um Denkräume zu eröffnen. Vor allem solche, die Spaß machen sollen. Um die engstirnigen Geister in Bewegung zu bringen, wählte die Gruppe Strategien des „Aufschreis". Frechheit war für die „zentrale Idee genauso wesentlich wie eine Prioritätenliste"[209]:

„Die abgepackte Tiefkühlmahlzeit ist wichtiger als Palladio."[210] Ein Satz wie dieser blieb keine Phrase. Weil der sich rapide verändernde gesellschaftliche Horizont ihr Arbeitsfeld war, spielte der von Arbeit immer mehr befreite Mensch die wichtigste Rolle in ihrem Denken – und folglich waren für sie all jene Themen und Erfindungen zentral, die mit den Lebens- und Überlebensmöglichkeiten freier gewordener, nomadisierender Menschen zu tun haben. So ist der berühmt gewordene Satz leicht einzusehen, daß Existenzbedingungen denkbar seien, in denen das Haus zum „Gerät" wird, „das man mit sich herumträgt", und die Stadt zur „Maschine, um sich einzustöpseln"[211].

Radikal und schockierend Alternativen zu Häusern, Städten, Lebensumwelten werden formuliert: der Anzug oder Rucksack wird als potentielle Behausung gedacht, die Stadt als „Plug-in-City"[212] (Einsteckstadt), als „Instant City"[213]. Analog zum Instant Coffee funktionierend, eine reisende Stadt, als Paket verschnürt, als „gigantisches Füllhorn" und „dynamischer Überfall" über jeder beliebigen Stadt. Sie senkt sich vom Himmel oder kommt als „Walking City" daher.[214]
Auch die Landschaft wird anders gesehen und mit ihr die Auffassung des Ortes; die Idee des flüchtigen Ortes wird geboren. Eine verzauberte oder bezaubernde Umgebung, künstlich unterhöhlt und elektronisch vernetzt. Ein unsichtbares Netz von „Rokplugs" und „Logplugs" unterzieht die Erdoberfläche. Die wie zufällig herumliegenden Gesteinsbrocken und Baumstämme verbergen Anschluß- und Einsteckmöglichkeiten, senden Signale aus, werben Nomaden-Menschen an, nomadisierende Bildungsanstalten, nomadisierende Dörfer, nomadisierende Städte. Die mit „Nomadenkluft" Ausgerüsteten stöpseln sich auf der Wiese, am Waldrand oder irgendwo sonst ein, entfalten ihre mitgetragenen Gerätschaften, fahren sie aus, blasen sie auf. So haben die ‚realutopischen' Momente der Arbeiten von Archigram am weitesten an ihrem Horizont den u-topischsten aller Orte: den Garten Eden des elektronisch-medialen Zeitalters.

Architektur und Stadt erweitern ihre Grenzen. Was Archigram noch heute vorbildlich macht, ist der enorme Einsatz, mit dem die Gruppe aufgegebenes berufliches Terrain zurückeroberte. Fragen nach dem räumlichen Existenzminimum oder nach zeitgemäßen Infrastrukturen – nach wie vor aktuelle Themen – werden in ungewohnter Weise und hellsichtig formuliert.
Mehr als vierzig Jahre sind seit der Gründung, mehr als ein Vierteljahrhundert ist seit der Auflösung von Archigram vergangen. Die äußerst geistreichen, radikalen und heftigen, mit scharfem Blick auf die unmittelbare Gegenwart gerichteten Auseinandersetzungen der Gruppe kreisten schon damals um die Perspektiven der Stadt. Was zu einem Vergleich zwischen ihren Vorschlägen und aktuellen Projekten reizt, ist die ungewöhnliche Beziehung, die Archigram zwischen Stadt und Event-Culture hergestellt hat. All die verschiedenen Varianten der Instant-City-Konzepte reagieren auf vorgefundene wie vorhergesehene, alltägliche gesellschaftliche Widersprüche, die so nur formulieren kann, wer ohne Scheuklappen und mit großer Leidenschaft darauf aus ist, Gegenwärtiges zu begreifen, es durch eine schlagkräftige Sprache bewußt zu machen und sich immer wieder mit neuen Vorschlägen zu Wort zu melden. Mögen sie auch von Zeitgenossen als naiv, futuristisch oder unrealistisch abgeurteilt werden.

Die Stadt: Hardware, Software Nicht unähnlich Georg Simmels Überlegungen, schrieb Archigram, die Stadt zu lesen heiße, akute, nicht mehr stimmige Formen des Zusammenwirkens von „Hardware“ (der wirklichen Beschaffenheit von Gebäuden und Plätzen) und „Software“ (der Wirkung von Information und Programmierung auf diese Umgebung)[215], von der „Struktur der Stadt“ also und „deren Angebot“ zu diagnostizieren und zukunftstauglichere Formen zu entwerfen. Alle Instant-City-Variationen sind mögliche neue Softwareformen. Als verfügbare „Stadt-Pakete“, materiell und elektronisch höchst effizient ausstaffiert, peilen sie exakt jene Orte in der Stadt oder irgendwo auf dem Land an, an denen Mangel an Bildungs-, Behausungs-, Unterhaltungsmöglichkeiten und anderem

besteht. Dort lassen sie sich temporär nieder und bieten die jeweils gewünschten Versorgungsdienste an. Zum Programm eines „Stadt-Pakets“ gehören Objekte wie Systeme mit Zubehör, Reisewege und die vorherige Klärung der am jeweiligen Ort vorhandenen Infrastrukturen („Clubs, örtliche Sender, Universitäten etc.“), so daß das Paket, komme es auf dem Landweg, als „Füllhorn“ aus der Luft oder in elektronischer Form, „immer das Bestehende ergänzt und nicht als etwas Fremdes hinzukommt“.
Auf die im Alltag festgestellten Widersprüche, auf die fehlende Dynamik wird mit ausgleichender Geste reagiert, wird das Stadt-Land-Gefälle korrigiert und werden Defizite an existentiellen Grundausrüstungen – Voraussetzung für ein ‚gutes Leben‘ – überbrückt. Mobile Katalysatoren für prekäre Momente.
Es gibt eine entscheidende Einsicht, die dieser theoretischen Opposition zugrunde liegt: die Einsicht in die „gleichstarke Abhängigkeit“ der Stadt „vom plötzlichen Geschehen wie vom festgelegten Ritual“. Nicht die gebaute Struktur der Stadt, sondern ihre „Gesellschaftlichkeit“ spiegelt sich im stets wechselnden Einfluß, den beide Parameter ausüben: die Rituale der Seßhaftigkeit, der permanenten Abläufe, die sich in allen Aspekten der Beständigkeit der Stadt zeigen, dazu all jene temporären Ereignisse und deren Folgen, die durch unvorhergesehene oder kurzfristige politische, ökonomische, soziale Veränderungen entstehen und maßgeschneiderter Projekte für wechselnde Situationen bedürfen.
„Plug-in-City“ ist nur ein anderer Name für die beschriebene doppelte Abhängigkeit. Eine Denkhilfe, die häufig so mißverstanden wurde, als gehe es darum, die alte Stadt durch häßliche technizistische Großstrukturen zu ersetzen, in die sich alle möglichen Kapseln und Geräte einstecken lassen. Die einprägsamen Plug-in-Illustrationen sind aber nur Chiffren. Die bestehende Stadt *selbst* ist nämlich die Struktur, die so ausgestattet sein muß, daß sie für die „plötzlichen Geschehnisse“ reaktionsfähig bleibt, das heißt, für jeweils zu entwerfende Maßnahmen Plug-in-Möglichkeiten bereithält.

Gone with the wind Zum großen Schaden für unsere Städte ist Archigrams Lektion verhallt. Hätte sie in den Köpfen von Stadtplanern, Amtsvorstehern und -angestellten, Stadtmanagern und anderen Wurzeln schlagen können, dann würden die Früchte von einem Jahrzehnt Erfahrung mit Globalisierung, Krieg, elektronischen Umwälzungen und deren Folgen in der Arbeitswelt, im Alltagsleben ganz anders schmecken. Wäre das Archigramsche Denken erfolgreicher und folgenreicher gewesen, dann führte die Polarisierung in Gewinner und Verlierer bei der soziologischen Charakterisierung heutiger Stadtgesellschaften nicht so oft die Liste an. Das starrsinnige Kleben an bisherigen Existenzformen, die Unaufgeschlossenheit gegenüber neuen Entwürfen zeigt die mißlichen Folgen der Nichtanerkennung dieser zweifachen „gleichstarken Abhängigkeit“. Aus der Nichtbeachtung des „plötzlichen Geschehens“ folgt, daß man in dessen Folgen – wie etwa prekäre und temporäre Existenzformen – nicht gebührend investiert. Statt dessen wird mit viel zu großem Aufwand in „absterbende Wurzeln“ (Rem Koolhaas) investiert.
Hätten so realistische wie wachsame, fast schon euphorisch auf gesellschaftliche Veränderungen ausgerichtete Haltungen das jeweils „plötzliche Geschehen“ der letzten Jahre bestimmt, dann wäre einfach unvorstellbar, daß beispielsweise kosovanische Flüchtlinge mit Kindern in einer Stadt wie Zürich in einem fensterlosen Luftschutzkeller bei nachts verschlossenenen Türen hausen.
Die so hilflosen wie abweisend-rassistischen Reaktionen vieler europäischer Städte auf das „plötzliche Geschehen“ der letzten Jahre und auf die daraus folgenden Migrationsbewegungen Richtung Westeuropa zeigen, daß das Denken all jener, die die Städte und deren Bewohner verwalten, meilenweit hinter Archigrams Vorschlägen zurückbleibt.

Ausbruch in die Wirklichkeit So sehr Archigrams Interessen für Stadt und Entertainment-Architektur und diejenigen heutiger Projektemacher sich zu gleichen scheinen, so sehr unterscheiden sie sich in ihren Intentionen. Liefern sich heutige Architekten und

Städtebauer schicksalsergeben den von anderen behaupteten oder real existierenden Bedingungen aus, so starten Archigrams Projekte immer bei der grundsätzlichen Diskussion eben dieser Bedingungen. Setzen heutige Architekten die von Investoren in Zusammenarbeit mit Stadtplanungsämtern in ihren Bedingungen festgelegten Implantate, ohne Kontakte zu jenen anderen Stadtforschern zu haben, die die städtische Wirklichkeit von den *realen* Existenzbedingungen ihrer *unterschiedlichsten* Bewohner her untersuchen, so stellt die Archigram-Gruppe ihren Projekten Überlegungen genau aus jener Perspektive voran: „Vielleicht liegt der Schlüssel zu der schweren Faßbarkeit des Geistes der Stadt im Geiste der Menschen selbst. [...] Es kann gut sein, daß das Bild der Stadt das Bild der Menschen selbst ist."[216]

Die Archigram-Leute waren Trendforscher im Interesse der *lebenden* Stadt, die reales Geschehen „spiegelt", es aber auch „hervorbringt". Sie praktizierten, was sie forderten: Sie brachen aus der „brüchigen, aber einnehmenden Welt des Architekten bzw. Ästheten" in die „Wirklichkeit" aus. Sie wagten sich in die „Szene". Sie versuchten den „Menschen im Alltag näherzukommen". Wir müssen, schrieben sie, „die traditionellen Grenzen ausweiten, wir müssen Menschen ohne formale Architektenausbildung finden, die ein Gespür für die gegenwärtigen Erwartungen an die Stadt haben und daraus Vorschläge und Bilder entwickeln"[217].

Als ob sie – Georg Simmels Einsicht im Kopf, daß die Kultur, und also auch die Stadt, notgedrungen immer wieder in eine „tragische Phase" eintrete, da die erstarrten Formen, einmal maßgeschneiderten Kleidern ähnlich, sich dem vitalen Geschehen bis zur Unvereinbarkeit entgegenstellten –, diesen unfruchtbaren Weg so kurz wie möglich halten wollten. Man versteht, daß dieses Programm sie zu sagen veranlaßte, daß es einer gewissen Dreistigkeit bedürfe, um engstirnige Geister zu bewegen.

Der Vergleich zwischen Archigrams und heutigen Aktivitäten ist deswegen besonders aufschlußreich, weil die jeweiligen Interessen in bezug auf die Stadt und das städtische Leben unterschiedlicher nicht sein könnten. *Setzte* Archigram wie selbstverständlich Per-

spektiven des Denkens, so *übernehmen* Architekten heute – ebenso selbstverständlich – vorgegebene Perspektiven. So selbstverständlich die Archigram-Gruppe seismographisch die ‚Zeichen der Zeit' – den Beginn der elektronischen Revolution, den Beginn eines Zeitalters, in dem die Arbeit immer weniger Zeit beanspruchen wird und eine Freizeitgesellschaft im Entstehen ist – ganz selbstverständlich zum Ausgangspunkt ihres Nachdenkens darüber genommen hat, welche neuen Voraussetzungen für sich ändernde Existenzformen in den Städten geschaffen werden müssen, so selbstverständlich nehmen Architekten heute mehr als vierzig Jahre später jene ähnlichen, aber in der Zwischenzeit viel schärfer ins Licht der Realität gerückten ‚Zeichen der Zeit' gar nicht erst zur Kenntnis.
Als wachsame Soziologen begannen, über die Frage der Existenzsicherung jenseits des Lohnarbeitsverhältnisses nachzudenken, suchte Archigram der Lösung dieses Problems mit Konzepten zusätzlicher Freiheiten zu begegnen. Daß heutige ‚Lösungen' dieses Argument nicht im Sinne gewonnener Freiheiten und Vergnügungsmöglichkeiten, sondern – vorläufig wenigstens – vielmehr in *produzierten* Formen von Ausweglosigkeit, Abwertung und Ausgrenzung exponentiell verschärfen würden, hätte Archigram schon deswegen nicht ahnen können, weil die Gruppe damit rechnete, daß mit Spaß und Engagement darangegangen würde, neue Alltagsszenarien jenseits einer Gesellschaft des Normalarbeitstages zu entwerfen.

Ohne Courage Gemessen an Archigrams Maßstäben ist das vielleicht einzig wirklich Neue an dem, was heute als Entertainment- und Konsum-Architektur Hochkonjunktur hat und als Rettungsprogramm für die Stadtökonomie gepriesen wird, als letzter Schrei für das Fortkommen der Städte oder als Attraktionsmesser für den Standortfaktor – der geschrumpfte konzeptionelle Hintergrund. Heute geht es vorwiegend um Konzerninvestitionen und Konzerninteressen. Auf der anderen Seite der Gleichung, so behauptet oder hofft man, ergäben sich wie von selbst genügend Vorteile für die Stadt und ihre Bewohner. Gut möglich. Aber hier braucht es

Präzisierungen. Wie und für wen genau entstehen diese Vorzüge? Zu den gesellschaftlichen Möglichkeiten und Folgerungen gibt es keine Analysen, Programme, Pamphlete. Für die Öffentlichkeit gibt es nur die Mitteilung von ‚facts': daß gebaut wird und was. Einige Jahre später ein neues prächtiges Implantat irgendwo in der Stadt, gesichert und überwacht. Architekturobjekte von heute verhalten sich zur Stadt wie eine Spritze zum gefährdeten Körper auf der Notfallabteilung. Aber warum sind die Städte gefährdet? Woher die beinahe über Nacht behauptete Unsicherheit, die nach der Verwandlung der Innenstädte in städtische Sicherheitsabteilungen zu schreien scheint? Was sollen Bürgerinnen und Bürger von ihresgleichen und ihren Städten halten, wenn dem berühmt-berüchtigten Extrembeispiel Newham immer weitere Meldungen über überwachte Innenstädte folgen? Was überhaupt ist mit Stadtleben noch gemeint? Wenn der Zustand der Patientin Stadt sich so wie behauptet verhält, so nämlich, daß immer weitere Spritzen gesetzt werden müssen, kommt man da nicht auf die Idee, daß Pfuscher am Werk oder die Städte unheilbar erkrankt sein müssen?
Haben heutige *Konsum-Bauten* den Charakter abgesicherter Inseln im gefährdeten Territorium Stadt, so stehen diese beiden Begriffe bei Archigram gerade nicht für eine Polarität in der Wirklichkeit. Geht es heute um ein gespanntes Verhältnis zwischen Implantat und Stadt, geprägt durch Beziehungen von Unsicherheit, Angst und Mißtrauen, die im Gegenzug nach Abschließbarkeit und Überwachung verlangen, ist bei Archigram ein anderes Verhältnis gemeint. Event-Kultur trennt nicht zwischen Stadt und Vergnügungsarchitektur, die Stadt selber ist das große Ereignis – produziert durch den „gesellschaftliche[n] Mensch[en]"[218]. Archigram bestand auf der Notwendigkeit, Architektur nicht als starre Disziplin und die Stadt als endlos verstrickte Folge von Ereignissen anzusehen.
Dem Glücksbegriff des ultimativen Subjekts der *lebenden Stadt* widerspricht sowohl paternalistische Bevormundung wie Massenbefriedigung durch Normung und Manipulation von Bedürfnissen auf Kosten individueller Freiheit, wie Aldous Huxley es für seine hierfür konstruierten Alpha-, Beta- und Gamma-Menschen vorge-

sehen hatte. Das ultimative Subjekt der zukünftigen Stadt ist von intellektuellen und moralischen Fesseln emanzipiert. Wenn die *lebende Stadt* den Anspruch hat, nicht einfach nur zu funktionieren, sondern ihren ‚ultimativen Subjekten' zu dienen, erinnert sie an Kafkas Definition des Paradieses: „Wir wurden geschaffen, um im Paradies zu leben, das Paradies war bestimmt, uns zu dienen."[219] Und selbst wenn Kafka gesehen hat, schreibt Ulrich Conrads, daß unsere Realität zum ersten Teil des Satzes im Widerspruch steht, weil wir aus dem Paradies gejagt worden sind, so habe er doch umgekehrt darauf bestanden, daß, was sich in die Nähe des Paradieses rückt, vom zweiten Anspruch nicht befreit sei. Für die emanzipierten Menschen angemessene Stadt heißt dies, daß sie längst auf die Erweiterung menschlicher Erfahrung hätte reagieren müssen. Herbert Marcuses Feststellung, die menschliche Freiheit sei „keine Privatangelegenheit", aber sie sei „gar nichts, wenn sie nicht *auch* eine Privatangelegenheit ist"[220] verdeutlicht, wie Freiheit für das im Kollektiv der Stadt lebende ‚ultimative Subjekt' zu denken wäre.

Lévi-Strauss' Bastler Wenn man über andere Bilder von Stadt nachdenkt, kommt einem nicht ohne Grund der französische Ethnologe und Kulturtheoretiker Claude Lévi-Strauss in den Sinn. Dem *Bastler* stellt er den *Ingenieur* gegenüber.[221] Arbeite der Ingenieur nach einem „genau ausgedachten Entwurf", so mache der Bastler seine Arbeiten nicht davon abhängig, ob ihm die Rohstoffe oder Werkzeuge erreichbar seien, die er für die Realisierung eines Entwurfs brauche. Die Welt seiner Mittel „ist begrenzt, und die Regel seines Spiels besteht immer darin, jederzeit mit dem, was ihm zur Hand ist, auszukommen, d.h. mit einer stets begrenzten Auswahl an Werkzeug und Materialien, die überdies noch heterogen sind, weil ihre Zusammensetzung in keinem Zusammenhang zu dem augenblicklichen Projekt steht, wie überhaupt zu keinem besonderen Projekt, sondern das zufällige Ergebnis aller sich bietenden Gelegenheiten ist, den Vorrat zu erneuern oder zu bereichern oder ihn mit den Überbleibseln von früheren Konstruktionen oder Destruktionen zu versorgen". Die Arbeiten des Bastlers seien

dazu bestimmt, „eingerissen zu werden, kaum daß sie sich gebildet haben, damit neue Welten aus ihren Fragmenten entstehen“[222]. Der Bastler verwende „Abfälle“ und Bruchstücke, fossile Zeugen der Geschichte des Individuums oder einer Gesellschaft.[223]
Leicht sind in dieser Mentalität Rem Koolhaas‘ Überlegungen wiederzufinden. Auch dem Bastler geht es nicht um die Planung dauerhafter Objekte, dafür um so mehr „um die Bereitstellung von Möglichkeitsfeldern für Prozesse“, um die „bewußte Handhabung“ von Infrastrukturen. Auch der Bastler ist Fachmann für die „Neugestaltung des psychologischen Raumes“, etwa indem er die Schranken zwischen *high* und *low* fallen läßt. Allerdings benötigen solche Experimente entsprechende Freiräume, wie sie bis jetzt nur in der Illegalität zu haben sind. „Schlechtes Recht“ nennt der peruanische Ökonom Hernando de Soto die juristischen Bedingungen, die Initiativen von Millionen von Menschen unsäglich erschweren[224] und sie deshalb in die illegale Existenz abdrängen. Wie aber sollen diese „bescheidenen Neuansätze“, diese „punktuellen Eingriffe“, diese „strategischen Umorientierungen“ möglich sein in einer städtischen Wirklichkeit, die Schritt für Schritt ihre Oberflächen versiegelt, Räume wie Zwischenräume kontrolliert und überwacht?
Sollte es einen neuen Urbanismus geben, schrieb Rem Koolhaas, würde dieser zunächst einmal Unsicherheit stiften. Es gehe nicht um die Planung dauerhafter Objekte, sondern um die Bereitstellung von Möglichkeitsfeldern für Prozesse, nicht um die Definition von Grenzen, sondern um die Erweiterung von Vorstellungen, um die bewußte Handhabung der Infrastruktur.
Kerkerstadt oder Urbane Stadt? Es wird niemand außer uns geben, die über diese Frage – indem sie sich einmischen oder stumm und untätig bleiben – entscheiden.

Hannah Arendt – wiedergelesen In ihrer zuerst 1951 in New York, vier Jahre später in deutscher Übersetzung erschienenen Schrift *Elemente und Ursprünge totaler Herrschaft* hat die deutsche Philosophin festgehalten, was heute in entschieden bedrohlicherem

«Klammheimlich hat der Bundesrat am letzten Mittwoch das Projekt ‹Eidgenössischer Personenidentifikator› beschlossen. Was verwaltungstechnisch tönt, ist von grösster Brisanz: Das Bundesamt für Statistik muss ein Projekt erarbeiten, mit dem jeder Einwohner mit einer Nummer versehen werden kann. Damit soll die elektronische Registrierung der Bürger erleichtert und zugleich die Verknüpfung der in unzähligen Registern von Bund, Kantonen und Gemeinden enthaltenen Personendaten ermöglicht werden. Auf die sonst übliche Information hat der Bundesrat verzichtet. Man wolle im frühen Zeitpunkt des Projektes keine Diskussion, begründet das Departement Dreifuss das Schweigen. Das ist verständlich, denn das Projekt birgt Zündstoff: Wird es umgesetzt, riskieren Schweizerinnen und Schweizer zu gläsernen Bürgern zu werden. Big Brother steht vor der Tür.

Die elektronische Personenidentifikation und die systematische Spurensuche werden massiv erleichtert. Davor hat der eidgenössische Datenschützer Hanspeter Thür die zuständigen Ämter während Monaten gewarnt. Doch er wurde im Bundesrat gar nicht erst zur Kenntnis genommen. Stattdessen nimmt jetzt ein Projekt seinen Gang, in dem jeder Bürger eine Art

PIN-Code erhalten soll. Mit diesem würde er in allen Verwaltungsdatenbanken – Einwohner-, Zivilstands-, Stimmrechts- und Steuerregister –, aber auch in den Datenbanken der obligatorischen Sozialversicherungen – Krankenkasse und AHV – geführt. Der ‹Identifikator› ist zudem für die zukünftige elektronische Verwaltung gedacht: Für digitale Amtsgeschäfte, E-Voting und für die elektronische Identifikationskarte würde der Code als Identifikationsmittel dienen.»

Denis von Burg, Sonntagszeitung, Zürich, 30. Juni 2002

Maß Geltung beaspruchen kann: daß „totalitäre Tendenzen überall und nicht nur in totalitär regierten Ländern“ zu finden seien.[225]
Liest man heute Abschnitte des dritten, „Totale Herrschaft“ überschriebenen Teils ihres Buches, macht man eine interessante Beobachtung. Wo es um *Beispiele* geht (Nationalsozialismus/Stalinismus), ist das Buch eindeutig historisch. Wo es hingegen um die Beschreibung und Analyse der *Elemente* totaler Herrschaft geht, finden wir uns ständig in der Gegenwart wieder. Die Ähnlichkeit der Mechanismen in den mannigfaltigen heutigen Sicherheitsdiskursen ist offenkundig.
Unter der Überschrift *Ideologie und Terror*[226] schreibt Arendt, daß die „totale Herrschaft“ sich grundsätzlich von anderen Formen politischer Unterdrückung (Monarchie, Despotie, Tyrannis, Diktatur) unterscheide. Damit behaupte man implizite, daß totale Herrschaft auf Erfahrungen gründe, die „nie zuvor zur Grundlage menschlichen Miteinanderlebens“ gemacht worden und somit „politisch sozusagen noch niemals produktiv“[227] gewesen seien. Da der „sogenannte Geist eines Zeitalters sich nirgends greif- und sichtbarer zeigt als in der eigentlichen politischen Sphäre, die durch ihre Öffentlichkeit alles in die allgemeine Sichtbarkeit zwingt“, müßten in der „Bestimmung der [...] Erfahrung“, die totaler Herrschaft zugrunde liegt, *auch* „einige Grundzüge der Krise“ zu entdecken sein, „in der wir heute alle und überall leben“[228]. Was Hannah Arendt für die fünfziger Jahre feststellt – totalitäre Tendenzen seien „überall und nicht nur in totalitär regierten Ländern“ zu finden –, gilt erst recht heute. Der alles durchdringende, obsessiv geführte Sicherheitsdiskurs, der Individuen „bis ins geheimste Fühlen hinein“[229] umformt, Territorien – von den kleinsten bis zu den größten – überwachungstechnologisch neu ausstaffiert und neue Wirtschaftszweige aufblühen läßt, zeigt eindeutig totalitäre Merkmale wenn nicht Tendenzen. Doch woran sind sie zu erkennen, wie sind sie zu identifizieren?

Sprengung politischer Kategorien Eine der wesentlichen Strategien, wie sich totale Herrschaft durchsetzt, besteht in der „Spren-

gung unserer politischer Kategorien“[230]. Totalitäre Herrschaft sei insofern „gesetzlos“, schreibt Arendt, als sie „prinzipiell alles positiv gesetzte Recht“ verletze, ob vorhandenes oder selbst gesetztes. Jedoch sei sie keineswegs willkürlich: „An die Stelle des positiv gesetzten Rechts tritt nicht der allmächtig willkürliche Wille des Machthabers, sondern das ‚Gesetz der Geschichte‘ oder das ‚Recht der Natur‘, also eine Art von Instanz, wie sie das positive Recht, das immer nur konkrete Ausgestaltung einer höheren Autorität zu sein behauptet, selbst braucht und auf die es sich als Quelle seiner Legitimität immer irgendwie beruft.“[231] Die Differenz zwischen Schuld und Unschuld, die sich ja am positiv gesetztem Recht mißt, sei dadurch aufgehoben, und damit werde „alle Beurteilung, Aburteilung und Bestrafung unmöglich gemacht“[232].
Schritt für Schritt werden heute ‚vorläufige‘ Gesetzesverletzungen praktiziert. Zero Tolerance und Videoüberwachung sowie die damit einhergehenden Konsequenzen erobern unsere Städte, ohne jemals Gegenstand von politischer Diskussion und demokratischer Willensbildung gewesen zu sein. Immer mehr Flughäfen werden mit Installationen zur biometrischen Gesichtserkennung versehen, zunehmend werden Daten der privaten Kommunikation durchforstet und Systeme für „registerübergreifende Personenidentifikation“ vorbereitet oder bereits eingesetzt.[233] Man richtet sich jenseits der geltenden Gesetze schon mal ein, verweist im besten Fall auf *noch* bestehende Gesetzeslücken – und damit hat es sich. Arrangez-vous, citoyens!

Ausscheidung von Schädlichem und Überflüssigem Wenigstens drei von Hannah Arendt als Kennzeichen totalitären Terrors beschriebene Merkmale treffen auch auf eine Meldung zu, mit welcher Ende 2002 Zürcher Tageszeitungen überraschten: Im Bezirk Witikon sollten Asylsuchende durch einen zwei Meter hohen Gitterzaun von den Einwohnern, insbesondere von deren Kindern, getrennt werden – begründet mit dem so unverschämten wie verletzenden Doppelargument, dies geschehe zu deren eigener Sicherheit wie auch zu derjenigen der Bürger.

Hier ist, *erstens,* Hannah Arendts Argument veranschaulicht, daß Terror nicht etwa willkürlich ist, sondern einer „höhere[n] Form der Gesetzestreue“[234] entspricht: An die Stelle bestehenden Rechts tritt das diesem als „Quelle seiner Legitimität“ dienende „Gesetz der Geschichte“ oder das „Recht der Natur“[235]. In unserem Beispiel sind Asylanten für Einheimische eben gefährlich – angeblich ‚beweist es ja‘ die ‚Geschichte‘ oder ‚die Natur‘ der Fremden. Gerade darin, daß Menschen nach „objektiven Merkmalen“ (Asylsuchende), „ohne allen Bezug auf irgendwelche Gedanken oder Handlungen der Betroffenen“ ‚selektiert‘ werden, sieht Arendt den Terror totalitärer Herrschaft am Werk. An die Stelle des Prinzips des Handelns trete die Präparierung der Opfer, „die den einzelnen gleich gut für die Rolle des Vollstreckers wie für die des Opfers vorbereiten“[236] könne.
Die als *zweites Merkmal* totalitären Terrors diagnostizierte „Ausscheidung von ‚Schädlichem‘ oder Überflüssigem“[237], schreibt Arendt, ließe sich nur praktizieren, wenn man bestimmte Gruppen so lange beschimpfe, diffamiere und im Zweifelsfall der größten Verbrechen zeihe, bis alle Welt wisse, daß es sich hier nur um Feinde handeln könne und Aktionen gegen sie schließlich als mehr oder minder berechtigt empfinde – ohne eine solche Vorgeschichte wären die Witikoner Maßnahmen nicht denkbar. Die Taktik, sagt Arendt, sei nicht sehr kompliziert, aber sehr wirksam.
Als *drittes Merkmal* totalitären Terrors notiert Arendt die Einschränkung der Bewegungsfreiheit. In unserem Beispiel sollte den Asylanten nicht nur das Recht verwehrt werden, sich in Witikon frei bewegen zu können, sondern auch das Recht, sich öffentlich zu versammeln. Das Politische, sagt Arendt, existiere nur so lange, wie es den Raum der Freiheit zwischen den Menschen gebe. Wem es um die Macht gehe – hier darum, die Freiheit von Nicht-Witikonern zu beschränken – , der müsse sich in *den* Raum begeben, „wo Macht entsteht“, in den Raum, „der zwischen Menschen sich bildet, die etwas Gemeinsames unternehmen“.[238]

Terror Das eigentliche Wesen totalitärer Herrschaft sind nicht Willkür und gesetzlose Herrschaft eines einzelnen, wie in der Tyrannis, sondern Terror. Dieser ersetzt „den Zaun des Gesetzes, in dessen Umhegung Menschen in Freiheit sich bewegen können, durch ein eisernes Band, das die Menschen so stabilisiert, daß jede freie, unvorhersehbare Handlung ausgeschlossen wird". Terror in diesem Sinne sei gleichsam „das Gesetz, das nicht mehr übertreten werden"[239] kann. Wo Terror herrsche, sei eine Auseinandersetzung über Freiheit schon darum „so außerordentlich unergiebig", weil seine Vertreter an menschlicher Freiheit, was das gleiche meine wie „Freiheit menschlichen Handelns", nicht nur nicht interessiert seien, sondern sie für gefährlich hielten.

Die Produktivität eines Spaltungsdiskurses Wir haben den Sicherheitsdiskurs *obsessiv* genannt. Wir sind dem Siegeszug des Begriffs Sicherheit durch die unterschiedlichsten Räume und Maßstäbe gefolgt, haben ihm den Primadonnen-Status unter den in der Öffentlichkeit zirkulierenden Begriffen verliehen und ihn ebenso als Element eines *produktiven* Spaltungsdiskurses identifiziert, in welchem er eine spezifisch verschobene und eingeschränkte Bedeutung besitzt. Zur Produktivität dieses Spaltungsdiskurses gehört die Dialektik von Spiel und Ausgeliefertsein, von Lust und Schrecken, von Voyeurismus und Scham, von Freiheit und Kontrolle. Diese Dialektik zeigt sich aber auch über die Vervielfältigung der Positionen, von denen aus Angst produziert und Menschen diszipliniert werden. Die Vervielfältigung der Kontrolltechniken – ein wirtschaftlich höchst attraktiver Produktionszweig – ihrerseits führt durch spezialisierte und departementalisierte Interessen am kontrollierten Objekt zu dessen eigener Spaltung. Die ununterbrochene Propaganda und Zelebrierung von Techniken gegen unsichtbare Feinde und Gefahren ‚beweist' deren allgegenwärtige Anwesenheit und erzwingt auf diese Weise allmählich die unterschwellige Zustimmung der hilflosen Subjekte, freudianisch formuliert, die Identifikation mit dem Aggressor. Eines Tages, folgert Arendt aus dieser immanenten Logik des totalitär-ideologischen Denkens,

«John Poindexter, der geistige Vater des Iran-Contra-Skandals, [...] hat unter Ronald Reagan Waffenverkäufe an die iranischen Mullahs organisiert und mit dem Geld die nicaraguanischen Contras finanziert. Heute ist Poindexter Chef des Information Awareness Office, das dabei ist, ein flächendeckendes Überwachungsnetz mithilfe digitaler Technik zu schaffen, eine personenbezogene Datenbank, in der alles Greifbare über 300 Millionen Amerikaner gespeichert werden soll: E-Mails, Käufe auf Kreditkarten, Rezepte, ausgeliehene Bücher, abonnierte Zeitschriften oder aufgerufene Websites, Verkehrsverstöße, Reisen, Schulden, Beschwerden von Nachbarn bei der Polizei über zu laute Musik, die Gerichtsakten über den Scheidungsprozeß, Aufzeichnungen von Überwachungskameras in Footballstadien oder öffentlichen Plätzen – und das alles ohne richterliche Verfügung. [...] Inzwischen geht es nicht mehr um die Rechtsgrundlage, sondern um die technische Vervollkommnung der Überwachung, und die beschränkt sich nicht mehr nur auf Amerika: ‹Wir wollen eine Verbindung zwischen einem Namen in den USA, einem Bild, das in Malaysia aufgenommen wurde, einem Handyanruf in Deutschland und einer Banküberweisung von Pakistan nach Chicago herstellen können›, meinte ein Washington-Offizieller. Zeitgleich mit der digitalen Datenbank soll eine Spionagebehörde mit bis zu 170 000 Mitarbeitern geschaffen werden, die die traditionellen Barrieren zwischen Polizei und den Geheimdiensten niederreißt. [...] Und das ist noch nicht alles. Kürzlich hat die National Academies, ein konservativer Think Tank, der die Regierung berät, vorgeschlagen, bestimmten Menschen – etwa Vorbestraften auf Bewährung oder Besuchern aus verdächtigen Ländern – einen Microchip unter die Haut zu pflanzen, damit die Betreffenden aufgespürt und identifiziert werden können. Der VeriChip war dazu entwickelt worden, die medizinische Vorgeschichte von Patienten zu speichern, kann aber auch zur Überwachung eingesetzt werden.»

Eva Schweitzer, Frankurter Rundschau, 6. Dezember 2002

wollten oder könnten die Menschen sich deswegen nicht mehr auf ihre Erfahrungen stützen, weil sie sich in ihnen nicht mehr auskennten. Zwang trete an deren Stelle: diese „aus der ‚Idee' entwickelte Logik"[240], Deduktion nach Deduktion, „fanatische Stimmigkeit und Logik ihres Deduktionsprozesses"[241], „Logik des Deduzierens"[242]. Zwänge, denen die Menschen schon deshalb zustimmten, um sich nicht in unerträglichen Widersprüchen zu verlieren.[243] Oder, wie es bei Horkheimer heißt, um nicht der unerträglichen Einsicht ausgeliefert zu sein, daß Leiden und Unrecht vergeblich gewesen sein könnten.[244] Und weil es unmöglich erscheint, auf dem eingeschlagenen Weg umzukehren. Wo immer Menschen vor die unerhörte Alternative gestellt würden, schreibt Arendt, entweder „inmitten eines anarchisch wuchernden und jeder Willkür preisgegebenen Verfalls" zu leben oder sich „der starren und verrückten Stimmigkeit einer Ideologie" zu unterwerfen, würden sie den „Tod der Konsequenz" wählen. Warum? Weil ihnen die „Flucht in die Fiktion"[245] immerhin noch ein Minimum an Selbstachtung und Menschenwürde zu garantieren scheine.

Eiskalte Logik Die Flucht in die Fiktion gehorcht einer eigenartigen ‚Vernünftigkeit'. In allem ideologischen Denken entdeckt Arendt drei spezifisch totalitäre Elemente. *Erstens*, sagt sie, werde im ideologischen Denken nicht erklärt, was ist, sondern was wird, entsteht, vergeht.[246] *Zweitens* werde ideologisches Denken auf diese Weise unabhängig von Erfahrung (Ideologen könne man nichts Neues mitteilen), es emanzipiere sich von der Wirklichkeit, bestehe auf einer eigentlicheren Realität[247]. Und *drittens* schließlich verlasse sich ideologisches Denken – gerade wegen seiner Emanzipation von erfahrbarer Realität – nur auf Verfahren eigener Beweisführung.[248]

Dem Faktischen komme ideologisches Denken dadurch bei, daß es aus einer als sicher angenommenen Prämisse mit absoluter Folgerichtigkeit, mit einer Stimmigkeit, wie sie in der Wirklichkeit nie anzutreffen sei, alles weitere deduziere: „Ideologisches Denken ist, hat es einmal seine Prämisse, seinen Ausgangspunkt statuiert, prin-

zipiell von Erfahrungen unbeeinflußbar und von der Wirklichkeit unbelehrbar."[249]
Von dieser „Eiskälte der menschlichen Logik" zeugt auch die Antwort von Rudolph Giuliani, dem Initiator und Verantwortlichen des internationalen Aufschwungs von Law and Order-Parolen. Für die Mutter eines von der New Yorker Polizei ermordeten Jungen hatte er nur die Worte übrig: „Hätten Sie Ihren Sohn anständig erzogen, wäre alles nicht passiert." Im Jahre 2001 wurde Giuliani vom *Time Magazine* zum ‚Mann des Jahres' ernannt, von Queen Elizabeth zum Ritter geschlagen, in Deutschland wurde er für den Medienpreis auserkoren. Der *Süddeutschen Zeitung*, aus der diese Nachricht stammt[250], war auch der Fall der Familie Rosario zu entnehmen. Auf deren Sohn Amadou Diallo hatten Polizisten 41 Kugeln abgefeuert, weil sie meinten gesehen zu haben, daß er nach einer Waffe griff, die in Wirklichkeit nur eine Brieftasche war. Das Auto der Familie wurde mit einem hinzugestellten Christbaum angezündet, weil am Kofferraum ein Foto des Sohnes klebte, auf dem „Ermordet von der Polizei" stand. Bruce Springsteen erzählt die Geschichte in seinem Song „Fortyone Bullets".

Was gestern Recht war, ist heute überholt Wie zeigen sich die von Arendt charakterisierten Grundzüge von Krisen, von denen sie ja sagt, daß sie heute und überall zu diagnostizieren seien und die Menschen für totalitär-ideologische Konstrukte anfällig machten? Sie zählt sie auf: Verlassenheit, Isolation, Unbehaustsein, die Angst, überflüssig zu werden, die Erfahrung, daß es auf einen selbst nicht ankomme, daß man jederzeit ersetzbar sei. All dies könnte geradezu für die unmittelbare Gegenwart geschrieben worden sein. „Es ist, als breche alles, was Menschen miteinander verbindet, in der Krise zusammen, so daß jeder von jedem verlassen und auf nichts mehr Verlaß ist."[251] Dem aktuellen Abbau gesellschaftlicher Gewißheiten und sozialer Sicherheiten, der Kriminalisierung von Armut und Andersheit steht ein ideologisch geführter, nimmersatter und grenzenloser Sicherheitsdikurs gegenüber, der alle gesellschaftlichen Schichten und Aktivitäten in seine eigene Logik verstrickt, Arendt

sagt: in seine Bewegung mit hineinreißt. Fast täglich lesen wir von neuen und noch leistungsfähigeren Produkten, die eine neue Stufe der Sicherheit versprechen. Daß sie, obwohl positives Recht verletzend, vorläufig für diesen oder jenen Pilotversuch getestet werden. Arendts Definition der Gesetze totalitärer Herrschaft treffen auch auf diese Praxis zu.
Auch diese Definition setzt die stabilisierende Funktion positiver Rechte außer Kraft und reißt sie in eine „dauernde Veränderung" hinein: „Positives Recht wird verletzt [...]: was gestern Recht war, ist heute überholt und Unrecht geworden." Arendt nennt diese Art von Gesetzen „Bewegungsgesetze".[252]

Logisch-ideologische Deduktion Auch der Sicherheitsdiskurs hat sein „logisch-ideologische[s] Deduzieren", seine „eiskalte Logik". Seine Fesseln werden immer perfekter. Auch sie – als letzte übrig bleibende Sicherheit – entspringen einer Krisensymptomatik, die Menschen in ein utilitaristisches Korsett zwingt und sie in der Angst festhält, überflüssig und verlassen zu sein. Auch der Sicherheitsdiskurs produziert als Konsequenz eine „antisoziale Situation und ein alles menschliche Zusammensein ruinierendes Prinzip"[253]. Wir wissen, schreibt Arendt, „wie sehr totalitäre Propaganda den Bedürfnissen der geistig und physisch heimatlos gewordenen Massen entgegenkommt [...]. Wir wissen nicht, wieviele Menschen in diesem Massenzeitalter – in dem sich jeder auch dann noch fürchtet, ‚überflüssig' zu sein, wenn das Gespenst der Arbeitslosigkeit nicht umgeht – freudig jenen ‚Bevölkerungspolitikern' zustimmen würde, die unter diesem oder jenem ideologischen Vorwand in regelmäßigen Abständen die ‚Überflüssigen' ausmerzen.[254] Wir wissen auch nicht, aber wir können es ahnen, wie viele Menschen sich [...] willig einem System unterwerfen würden, das ihnen mit der Selbstbestimmung auch die Verantwortung für das eigene Leben abnimmmt."[255]

Komplicen Am 15. Dezember 2002 war in der *NZZ am Sonntag* zu lesen, daß die Verwaltung von Mörschwil im Schweizer Kanton

St. Gallen ihre Bürger dazu aufgerufen hatte, jedes auffällige Verhalten afrikanischer Asylbewerber umgehend zu melden. Wörtlich stand in deren Mitteilungsblatt: „Wir sind sehr daran interessiert, daß sich die Asyl Suchenden, welche in unserer Gemeinde wohnen, korrekt verhalten. Ist das nicht der Fall, bitten wir die Bevölkerung, die Gemeindeverwaltung oder [...] die Polizeistation Goldach zu informieren."[256] Unterschrieben hatte das Dokument der Gemeinderatsschreiber. Entsetzt darüber, daß der Aufruf so viel Aufmerksamkeit erhalten hatte, erklärte er später, man habe ein gutes Verhältnis, sie hätten Ordnung dort bei sich, das möchte er betonen, und es hätte noch nie geschadet, etwas genauer hinzusehen. Beobachten. Kontrollieren. Melden. Amerikanische Neighborhood-Watch-Programme gehen hier noch einen Schritt weiter. Für den Mörschwiler Gemeinderatsschreiber machen Hautfarbe und Herkunft, klassische rassistische Praxis, den ganzen Unterschied. In amerikanischen Aufrufen ist auch diese Grenze fallengelassen: Unbekannte sind grundsätzlich verdächtig. Die Gemeinsamkeiten liegen auf der Hand: Man schafft Voraussetzungen für einen *strukturellen Rassismus*, der verdächtigt, trennt, isoliert, Angst produziert und in der Konsequenz nach Sicherheit ruft. Die besten Mikrochips des Stadt-Körpers sind die einzelnen Bürger. Sie werden alles jagen, was einen Durchgang versperrt, eine unerlaubte Tür offenhält, eine Sicht versperrt. Sie sind aufgerufen, zu Partikeln der Kontrollinstanzen zu werden. Mit „unerbittlicher Konsequenz"[257] lassen sie sich zu Komplicen politischer oder polizeilicher Aktionen machen. In solchen Aktionen wird an „pöbelhafte Instinkte"[258] appelliert, für Arendt ein weiteres Merkmal totalitärer Herrschaft. Kapillarer Terror. Vervollkommnet durch ein Heer von Spießern, nimmt man Spießer in der Arendtschen Definition als den „Bourgeois in seiner Isolierung"[259].

Freiwilliges Denunziantentum, unbezahlte Spitzeltätigkeit In der Geschichte nichts Neues. Neu in der totalen Herrschaft sei nur, daß „diese Tätigkeiten ‚total' organisiert"[260] würden. Für Arendt ist es gerade ein signifikantes Merkmal totalitärer Herrschaft, daß die Grenze zwischen Freund und Feind falle, daß jeder einzelne verdächtig sei und entsprechend dieser *universalen Verdächtigkeit* möglichst „alle Personen ständig unter Polizeiaufsicht gestellt" werden müßten, daß „alle Schichten der totalitären Gesellschaft auf die Methoden und Maßstäbe der Geheimpolizei abgestimmt"[261] seien. Anders ausgedrückt, daß eine „Atmosphäre" herrsche, in der „jeder sich als Agent herausstellen" könne und „jeder sich ständig bedroht fühlen"[262] müsse. Im Unterschied zu der Zeit, als Arendt ihre Analyse schrieb, haben sich die für die Bespitzelung der Bevölkerung zur Verfügung stehenden Instrumente nicht nur vervielfacht, sondern auch um ein Vielfaches verfeinert, verschärft und sind auf raffinierte Weise unsichtbar geworden.

Die Fiktion oder der unheilvolle Zug ins Utopische Die bereits erwähnten, von politischen und administrativen Institutionen und Sicherheitsindustrien propagierten Sicherheitspraktiken – neue „Polizeiphilosophien", Konzepte des *Community policing*, „Sicherheitspartnerschaften", „Neighborhood Watch Programme" et cetera – und die damit verbundenen Versprechungen sind nicht nur eine beliebige, sondern insofern eine „totalitäre Fiktion", als diese zwar niemals erreicht werden kann, jede weitere in ihre Richtung unternommene Aktion ihr jedoch einen Schritt näher kommt und sie so bestätigt.

Wenn etwa Menschen, die im Wiener Millenium Tower arbeiten, über eine elektronische Identifikation vom Lift automatisch auf der richtigen Etage ausgespuckt werden, mag dies als ein mehr oder weniger bedeutender Fortschritt für das Sicherheitsbedürfnis der dort eingemieteten Firmen empfunden werden. Wenn darüber hinaus mittels Kameras die Pausen der Arbeitnehmer und ihr Gang zur Toilette dank der sogenannten Intelligenz des Gebäudes minutiös nachvollzogen werden können, mag auch dies als ein weiterer Sieg auf dem Weg zur Effizienz der Kontrolltechniken interpretiert werden. Tatsache bleibt, daß die Propagierung solcher Fortschritte und Siege und die alleinige Konzentration auf sie andere als Sicherheitsfragen wie von selbst als vergleichsweise irrelevant erscheinen

lassen. Jeder noch so kleine Sieg erweitert das Netz der Zwänge. So ermöglichen etwa die ersten Generationen von Kameras in Oxforder Colleges nicht nur die Aufklärung von Diebstählen, sie machen es zugleich unmöglich, daß andere Colleges auf diese Kontrollmöglichkeiten verzichten. Der Druck der Versicherungen läßt keinen Ausweg. Wer nicht mithält mit der neuen Norm, hat als Kunde keine Chance – was zum Verlust von Studierenden und in der Konsequenz zum Ruin der Institution führte. So gehört das nicht überwachte College ganz schnell der Vergangenheit an.
Dieselbe Folgerichtigkeit wie in Newham, wo Kameras potentiellen Kriminellen so weit folgen sollen, wie die Hoffnung des Vorstehers des Stadtrats reicht: in eine Welt ohne Delikte oder Verbrechen. Flächendeckend. An gesellschaftliche ‚Kollateralschäden' nur schon zu denken, liegt jenseits des sich selbst organisierenden Sicherheitsprojekts. Das ist es, was Hannah Arendt die Neigung nennt, sich in ein „Narrenparadies" oder in eine „Narrenhölle"[263] abkommandieren zu lassen. Höchst produktiv. Denn der Inhalt des „spezifisch totalitären Terrors" sei „niemals einfach negativ", sagt Arendt, sondern diene „positiv der Verwirklichung der jeweiligen totalitären Fiktion"[264].

Indoktrination ‚Natürlich' folgt niemand dem Weg in die Narrenhölle unvorbereitet. Das Prinzip der allmählichen und nie endenden Hinführung leistet ein „Indoktrinationsprozeß", der alle Beteiligten unentwegt in den Strudel eines übermächtigen Sicherheitsdenkens hineinreißt. Die Folgen sind prekär, jedoch im ideologischen Überschwang höchst folgerichtig – und kaum mehr wahrzunehmen. Das Eingeschworensein auf Sicherheitsfragen führt, wie zu beobachten ist, nach kurzer Zeit nicht nur dazu, daß die Menschen sich je länger je weniger über das Unrecht, das durch Verletzung positiven Rechts begangen wird, erregen, insbesondere dann nicht, wenn es „Außenstehende oder Gegner trifft". Es endet bei der „Desinteressiertheit am eigenen Wohlergehen"[265]. Diesem Arendtschen Argument muß wenigstens solange zugestimmt werden, solange Wohlergehen noch mit einer freiheitlichen Existenz

«Im Gefolge der Terroranschläge des 11. September, um genau zu sein: nur fünf Wochen danach, unterzeichnete Präsident Bush den ‹USA-Patriot Act›, ein Gesetz zum Patriotismus. Das Gesetz will keine patriotischen Gefühle wecken. Eher implementiert es sie in die Überwachungstechnik. Niemand braucht also etwa freiwillig, pro patria, seine Privatsphäre zu offenbaren. Sie ist von Gesetzes wegen aufgehoben, sobald die empfindlich getroffene Nation sich davon einen Informationsgewinn im Kampf gegen den Terror verspricht.»

Cornelia Vismann, Süddeutsche Zeitung, 18. März 2002

« [...] die Nummer der Terrorist Tip Hotline kommt jetzt schon mit der Stromrechnung ins Haus: [...] jede dubiose Gestalt bitte melden unter der Nummer 1-888-NYC-Safe. Buchhandlungen und Bibliotheken werden systematisch ausspioniert, das FBI hat ungehinderten Zugang zu allen Kundenkarteien von Banken, Buchläden oder Bibliotheken. Das Gesetz dazu nannte man <«Patriot Act“. Justizminister Ashcrofts Lieblingskind ist nun in die zweite Entwicklungsphase getreten. Jetzt wurden [...] die Pläne für ‹Patriot Act› Nummer II publik. Unter anderem sehen sie vor, dass US-Bürger, die des Terrors verdächtigt werden, heimlich festgenommen und in Haft gehalten werden dürfen, ohne dass ihre Angehörigen informiert werden müssen. Auch eine DNS-Datenbank für Terrorverdächtige ist geplant. Wir leben in einem Staat, in dem die ‹Operation Tip›, die im letzten August sämtliche Servicebetriebe in ein Millionenheer von Spitzeln verwandeln sollte, am Widerstand der Bevölkerung und der Postangestellten, Boten und Handwerker scheiterte. Wir leben in einem Land, in dem die Buchhändler heimlich damit beginnen, die Kundenkarteien zu vernichten, um heikle Vorlieben ihrer Käufer nicht an den grossen Bruder weitergeben zu müssen.»

Andrea Köhler, Neue Zürcher Zeitung, 17. März 2003

jenseits der Überwachungs- und Kontrollmechanismen gleichgesetzt wird. Doch ist die Zeit für diese Bewertung begrenzt. Die Einsicht, daß Freiheiten dem höheren Ziel einer übergeordneten Sicherheit zu weichen haben, ist die logische Konsequenz des Sicherheitsdenkens.

Zudem werden früher oder später nicht abbrechende Fortschrittsmeldungen, auch dies hat Arendt notiert, den Menschen Bewunderung abnötigen. Sie werden so viele ‚Opfer' gebracht haben, in so viele einzelne Zustimmmungsschritte involviert gewesen sein, sich rechtzeitig neue Ausweise mit eingebautem Identifikationspotential besorgt, x-mal ihre Iris oder ihre Bewegungsmuster gescannt bekommen haben, sie werden so geblendet sein von den ständigen Neuerungen und perfektionierten Techniken, so beherrscht von der Bewegung auf das Narrenparadies zu, daß ihnen eingeklagte Freiheitsverluste einfach lächerlich und kleinlich vorkommen werden. Sie werden sich an die Aufhebung der Trennung zwischen privatem und öffentlichem Leben gewöhnt und sich dafür in einer „mysteriöse[n] irrationale[n] Ganzheit"[266] wiedergefunden haben, in der alle gleichermaßen gläsern, gleich abhängig, kontrolliert, gleich bewegt und gleich hilflos sind. Und in der man sich diesem einen fiktiven Ziel verschrieben haben wird: der „Eliminierung des Zufalls und des Unvorhersehbaren aus allem Geschehen"[267]. Unter totalitären Herrschaftsformen, schreibt Arendt, sei der Unterschied zwischen Herrschern und Beherrschten abgeschafft, und das, was wir unter „Macht und Willen zur Macht"[268] verstehen, in gar keine oder eine sekundäre Rolle verwiesen.

Totalitäre Propaganda? Ihr Ziel habe die totalitäre Propaganda nicht erreicht, sagt Arendt, „wenn sie überzeugt, sondern wenn sie organisiert: ‚Sie ist die Kunst der Machtbildung ohne den Besitz der Machtmittel'".[269] Wenn ein öffentlicher Diskurs wie der über Sicherheit zu einem bestimmten Zeitpunkt eine bestimmte Präsenz in den Medien erreicht hat, beginnt er sich selbst am Leben zu erhalten und an Macht zu gewinnen. Diese sich selbst erhaltende (autopoietische) Stufe der Produktion und Präsenz eines Diskurses richtet immer mehr Ereignisse und Aufmerksamkeiten auf die Sicherheitsperspektive aus. Gelingt das Anzapfen und Ausrichten der Aufmerksamkeiten, beginnt die der totalitären Propaganda inhärente „Kraft" zu wirken, von der Arendt sagt, daß sie die Menschen, die mit jedem neuen Unglücksschlag leichtgläubiger würden, „imaginär von der wirklichen Welt abzuschließen"[270] beginne. Wie man die gesellschaftlichen Verhältnisse auch einrichtet, ob nach den Gesetzen der Genetik oder der Ökonomie, ist Arendt zufolge weniger wichtig, als daß man „einen Sieg apodiktisch verspricht"[271]. Das Schrumpfen oder Ausrichten der Wirklichkeit auf eine bestimmte Perspektive hin kann nur wettgemacht werden durch das Heraufbeschwören einer „Lügenwelt der Konsequenz", die im Verlauf solcher Prozesse „den Bedürfnissen des menschlichen Gemüts besser entspricht als die Wirklichkeit selbst" – einer Welt, in der die „entwurzelten Massen mit Hilfe der menschlichen Einbildungskraft sich erst einmal einrichten können"[272]. Daß die Ausrichtung der Aufmerksamkeit auf das propagandistische Programm – in unserem Zusammenhang auf die stets präsente Dialektik Sicherheit/Unsicherheit – auch wirklich gelingt, wird „durch Gewalt ständig und unmittelbar verwirklicht"[273], was propagandistisch vertreten wird. Überall wird hart durchgegriffen. Zur Abschreckung. Der ‚Diskurs' wird immer produktiver. Eine Kreativität jagt die andere.

Das beginnt bereits beim Kleinsten, wie beispielsweise in Bern, wo auf Plakaten als „Söiniggu" (Schweinehund) beschimpft wird, wer auf den Boden spuckt, oder von der Schule fliegt, wer motzt. Heimeinweisung oder Jugendknast ist dann die nächste Station. In Frankreichs Vorstädten sollen sich nach einem neuen Gesetzesentwurf Jugendliche aus Sicherheitsgründen nicht mehr in Treppenhäusern versammeln können. Nur innerhalb eines solchen „Lügengespinsts der Konsequenz", um mit Arendt zu sprechen, sind Vorfälle wie dieser zu verstehen: Als ein Fußball gegen die Stoßstange eines New Yorker Polizeiautos prallt, steigt ein Polizist, gegen den bereits 17 Beschwerden vorliegen, aus und würgt den Fußballer so lange, bis dieser blau anläuft und man im Spital nur noch seinen Tod feststellen kann. Die Behörden haben keine Veranlassung gesehen, den Polizisten zu disziplinieren: „Die Staatsanwaltschaft konnte kein rechtswidriges Verhalten erkennen; erst der Zivilprozeß brachte den Polizisten hinter Gitter." Von den 13 Beamten, die in einen anderen Fall involviert waren, hätten zwölf eine gleichlautende Version zu Protokoll gegeben. Ohne die Aussage einer Kollegin, die sich geweigert hatte, sich an der Verschwörung zu beteiligen, wäre es nie zu einem Zivilprozeß gekommen. Die Frau, heißt es in dem hier zitierten Bericht, arbeite nicht mehr beim New York Police Department, sie mußte sogar den Bundesstaat verlassen.[274]

Stolen lives Das Handbuch *Stolen Lives* der „October 22nd Coalition to Stop Police Brutality" listet nicht weniger als 2023 Menschen auf, die zwischen 1990 und 1999 im Namen der Verbrechensbekämpfung umkamen. Vier pro Woche, die Dunkelziffer nicht eingerechnet: „Kids, die mit Schreckschußpistolen spielten; unbewaffnete Teenager, eine Frau, die bewußtlos in einem Auto lag und von 24 Kugeln getötet wurde." Gore Vidal hat die Vereinigten Staaten einen „Polizeistaat" genannt und David Protess von der Northwestern Law School in Chicago auf jenes Muster hingewiesen, das hier *struktureller Rassismus* genannt worden ist: „Es ist immer dasselbe Muster: Polizei und Justiz haben es in den Großstädten vornehmlich auf Schwarze, Latinos, andere Minderheiten, oftmals Jugendliche, abgesehen. [...] Bei Schwarz, Braun, Gelb wird erst geschossen und dann gefragt." Was die Menschen dabei lernten? „Daß wer in einer armen Gegend wohnt, potentiell kriminell ist."[275]

Der moderne Traum der technisierten Polizei Die derzeitigen Überwachungspraktiken stellen alles in den Schatten, wovon die zaristische Geheimpolizei Ochrana nur hat träumen können. Die von Arendt aufgezeichnete Geschichte über jenes besondere Registrierverfahren erzählt, wie jeder Verdächtige durch einen roten Kreis auf einer „Riesenwandkarte" verortet wurde, wie weitere, mit seinem Kreis verbundene kleinere Kreise Auskunft gaben über seine Beziehungen zu anderen Menschen, kleine rote über politische, grüne über nichtpolitische, braune Kreise über Personen, die wiederum mit seinen Bekannten oder Freunden bekannt oder befreundet waren. Arendts Argument für das Nichtfunktionieren der zaristischen geheimpolizeilichen Methode, „die gesamte Bevölkerung so zu katalogisieren, daß man nicht nur sie selbst, sondern auch die Erinnerung an sie absolut beherrscht", ist die begrenzte Größe einer Wandkarte. Trotzdem räumt sie die Möglichkeit einer riesenhaften Karte ein, die Informationen über die Bevölkerung des gesamten Territoriums enthalten würde. Genau dies, sagt sie, entspräche dem „Wunschtraum totalitärer Polizei"[276].

Die Riesenwandkarte Was nach Arendt eine „Polizei unter totalitären Bedingungen" erträumt und nur beschränkt hat realisieren können, erledigt die Polizei heute problemlos – unter demokratischen Bedingungen. Gewaltige und gewalttätige Verschiebungen. Wovon die zaristische Geheimpolizei bloß träumte, nämlich „mit einem Blick auf die Riesenkarte an der Bürowand ausfindig machen zu können, wer zu wem Beziehungen hat"[277], ist für die Polizei von Newham – und für alle anderen polizeilichen Instanzen überwachter Territorien – bereits Alltag: *Die zentrale Datenbank ist die große Karte von heute*. Im Gegensatz zur Karte der Ochrana, ein hochleistungsfähiges System mit potentiell unendlich vielen Dimensionen.

Von einer Dimension berichtete unlängst der Zürcher *Tages-Anzeiger.* Der vielversprechende Name des Systems: „Projekt Metamorphose". Für 30 Millionen Schweizer Franken, hieß es da, breche der „Dienst für besondere Aufgaben" (DBA) in eine „neue Ära" auf, um richterlich angeordnete Telefon-, SMS- und E-mail-Überwachung zu optimieren. Warum neue Ära? Angeschlossen an das Computernetzwerk des Bundesamts für Polizei (BAP), könnten die Abhördaten in jeder angeschlossenen Polizeistation des Landes abgerufen werden. Nicht länger als eine Stunde werde es dauern, bis eine Leitung angezapft werden könne. Polizisten würden automatisch alarmiert, wenn sich auf der Leitung was tue. Rund um die Uhr könnten die Gespräche nach Wunsch auf Band oder direkt in die Zentrale geliefert werden. Wie alle neuen Überwachungstechnologien scheint auch diese Fortschrittsetappe auf dem Weg in die Sicherheit dringend nötig zu sein (Generalprokurator: Staatsanwalt des Kantons Bern). Vom 1. April 2003 an werde man voraussichtlich E-mails mitlesen können.[278] Mehr als ein halbes Jahr zuvor war andernorts zu lesen, daß seit Anfang 2002 ein neues Gesetz die Überwachung des Post- und Fernmeldeverkehrs (BÜPF) regele. Seit Anfang des Jahres seien Provider in der Schweiz gezwungen, Aktivitäten von Internetbenutzern mindestens teilweise aufzuzeichnen.[279]

Die große Karte heute. Aufgelesenes[280] Von der damals von der Ochrana erträumten unterscheidet sich die große Karte heute nicht nur in bezug auf die fast schon unermeßliche Genauigkeit der aufgezeichneten Beziehungen. Jeder einzelne Punkt in dieser Netzstruktur – das Individuum, das von der zaristischen Geheimpolizei noch rudimentär erfaßt wurde (Name, Arbeitsbuch et cetera) – ist mit den hochentwickelten Registrierverfahren bald in jeder vorstellbaren Dimension repräsentierbar. Die große Karte entwickelt in jedem Netzpunkt neue Formen von ‚Tiefenschärfen'. Gesuchte Personen können beispielsweise „zukünftig in einem Umkreis von 150 Metern mit Hilfe von Gesichts-, Iris- und Bewegungsanalysen entdeckt werden"[280]. Noch im Jahr 2003 soll nach Angaben der DARPA, einer US-Behörde für militärische Forschung, „ein erster Prototyp ersten Feldversuchen unterzogen werden". Computergesteuerte Kameras würden 1700 Merkmale aus dem Gesicht eines Eintretenden identifizieren können. Mit biometrischen Erkennungsmethoden könnten Spielsüchtige oder Dealer beim Vorbeigehen irgendwo herausgefiltert werden. Rechner würden nicht nur nach Übereinstimmungen mit gespeicherten Personen fahnden, sondern zudem mit Wärmeabstrahlung messen können, ob jemand sich beispielsweise ein Bild vors Gesicht hält.

Das ehemals utopische Konstrukt zieht weitere Kreise. Die Gebrauchssprache bildet dessen Bewegungstendenz ab: sollen, müssen. So *muß* die Software lernen, „Gesichter als solche" zu erkennen, und zwar so, daß Zu-Boden-Schauen, Vollbärte, Sonnenbrillen, Hüte und andere Accessoires den Identifikationsprozeß nicht mehr behindern – bei still stehenden Personen schon heute kein Problem, eher schon bei Menschen, die sich im Straßenraum bewegen. Die schwachen Gegenkräfte, die sich von Zeit zu Zeit in den Medien zu Wort melden, befleißigen sich, ihre Kommentare immer auf der dezentesten Stufe des Moderaten anzusiedeln. Kritiker und ‚Datenschützer' empfehlen nicht einmal, sie machen nur ‚aufmerksam', ‚haben Bedenken'. Bezahlte Unverbindlichkeit!
Die biometrische Verifizierung über den Iris-Abgleich bietet keine technischen Probleme mehr. Am Amsterdamer Flughafen Schiphol sind es zur Zeit 3500 Stammmgäste, die die traditionelle Ausweiskontrolle durch den Iris-Scan ersetzt haben. Chipkarte ins Lesegerät, Schranke passieren, ein kurzer Blick ins Objektiv des Computers, und erledigt sei die Sache. Kein Anstehen mehr, keine Zeitverschwendung. Natürlich bekämen Vielflieger mit solchen Datencodes einen separaten Einstiegsbereich. Belohnung winkt mit jedem neuen Zugeständnis. Demnächst seien die 20 000 Angestellten im Sicherheitsbereich dran. In vielen Banken ein längst normaler Vorgang. Auch Fingerabdrücke lassen sich inzwischen mittels elektronischer Karteien elektronisch abgleichen. In dem hier herangezogenen Bericht steht auch, daß sich per Iris-Scan und elektronischem Fingerabdruck-Test ganz unauffällig auch medizinische Daten und Informationen über die geprüften Personen sammeln ließen.
Auch der neue Schweizer Paß ist so ausgelegt, daß er nachgerüstet werden kann: „sowohl das Produktionssystem als auch das Design des neuen Paßbüchleins sind auf die Aufnahme biometrischer Daten vorbereitet" (Bundesamt Polizei). Allerdings müßte hierfür das eidgenössische Ausweisgesetz geändert werden. Aller Voraussicht nach wird das sehr schnell passieren, haben doch die Vereingten Staaten im Mai 2003 ein Gesetz verabschiedet, das für

die visumfreie Einreise in die USA künftig einen Paß mit biometrischen Daten verlangt. Neben Bewegungsverhalten, Iris-Scans und Fingerabdrücken ergeben Unterschriften und das Tippverhalten Material für biometrische Erkennungs- und Identifikationsverfahren; dynamische Systeme, die „während des Unterschreibens außer Linienführung auch die Schreibgeschwindigkeit und den ausgeübten Druck messen, befinden sich im Pilotstadium". Forscher der ETH Zürich prüfen das Gehverhalten von Probanden, um so deren Identität zu kontrollieren. Zugangsberechtigte könnten auf diese Weise automatisch erfaßt werden. Bei diesem Verfahren sollen visuelle Daten einer Kamera mit Daten von Drucksensoren im Boden abgeglichen werden. Die Sensoren sind in Fliesen versteckt, die im Sichtbereich der Kamera liegen. Was noch Probleme macht: Absätze und Rucksäcke, auch Körperhaltungsveränderungen.
„Der Biometrie-Markt", so der Manager einer großen Biometrietechnikfirma (AG ZN Vision Manager), „befindet sich seit dem 11. September in seiner entscheidenden Phase [...], plötzlich ist richtige Nachfrage da, und die Strukturen des neuen Marktes formieren sich". Allein im Jahre 2002 sei das Marktvolumen von jetzt 740 Millionen auf 1,5 Milliarden Euro gestiegen.

Totalitarismus: modernisiert Hannah Arendt hat angemerkt, daß der Traum der die gesamte Bevölkerung erfassenden Karte „grundsätzlich nicht unerfüllbar" sei, nur „etwas schwierig in seiner technischen Ausführbarkeit"[281]. Sie konnte nicht ahnen, daß eines Tages Ausschnitte der riesenhaften Karte noch immer – jetzt als Monitoren – an Wänden hängen würden, wie in den heutigen Überwachungszentralen, allerdings beweglich und hochaufgelöst. Nicht ahnen konnte sie auch, daß es mehr als nur eine solcher Karten geben würde. Daß es beim *Kartentraum* nicht nur um die äußeren Beziehungen zwischen Menschen gehen würde, sondern ebenso um ihre biologischen (physiologischen, genetischen) Merkmale. Die ‚Karte' ist tatsächlich riesenhaft. Sie setzt sich aus vielen Einzelkarten zusammen. Täglich wird an ihr gearbeitet, täglich bekommt sie neue Nahrung, täglich wird sie detaillierter, informa-

tiver, umfassender. Als Gesamtwerk ist sie unsichtbar anwesend, in ihren Ausschnitten handlich, reaktiv. Nur ist es heute nicht so, daß die Möglichkeiten der ‚Katalogisierung' den Wunschträumen von Polizei und Sicherheitskräften im Weg stehen, ganz im Gegenteil. Es ist gerade so, daß die technologischen Möglichkeiten die Fantasien der Träumer täglich überholen, die Vorstellungen der Polizei ihrer Beschränktheit überführen. Täglich produzieren die aktuellen Techniken die Ausweitung totalitärer Wunschvorstellungen.
In der gegenwärtigen Periode „erscheinen die technologischen Kontrollen als die *Verkörperung der Vernunft* selbst zugunsten aller sozialen Gruppen und Interessen – in solchem Maße, daß aller Widerspruch irrational scheint und aller Widerstand unmöglich"[282]. Diese Feststellung ist keinesfalls aktuellen Datums. Sie findet sich in einer einstmals einflußreichen Publikation: in Herbert Marcuses *Der eindimensionale Mensch* (1967). Was seinerzeit als Alarmismus hätte denunziert werden können oder als realitätstüchtige Sicht der Dinge gesehen wurde, ist inzwischen unbezweifelbare Tatsache: Seit den neunziger Jahren des zwanzigsten Jahrhunderts nehmen Sicherheit und Kontrolle *als behauptete verkörperte Vernunft im Dienste aller* zwanghafte, wenngleich nicht so erscheinende, sondern, im Gegenteil, als vollkommen vernünftig empfundene Züge an. Die bloße Idee der Kritik, erst recht des Widerstandes gegen eine weithin als nützlich erachtete Entwicklung gilt vielen als unzeitgemäß. Zeitgemäß gesprochen: als uncool.

Exkurs: Non-lethal weapons Am Massachusetts Institute of Technology tätige Wissenschaftler dachten bereits Anfang der siebziger Jahre über Waffen und Kampfstoffe nach, mit deren Hilfe sich Massenproteste begrenzen oder ersticken lassen sollten. Nach dem Muster der Stubenfliegenbekämpfung rieten die MIT-Ingenieure, aus Helikoptern Leimschnüre abzuwerfen, in denen sich die Demonstranten verheddern sollten, oder Lachgas einzusetzen, das aus Empörten im Handumdrehen harmlos-glückselige Toren gemacht hätte. Seither haben die Fachleute ihre ‚Forschungen' mit Volldampf vorangetrieben.

«‹Wenn sie aufwachen und merken, daß sie nicht tot sind, werden sie uns dankbar sein›, mutmaßte David MacArthur vom Polizeikommando ‹Special Weapons and Tactics› [...]. John B. Alexander, Vietnam-Veteran und geistiger Vater der ‹NLW› [Non-Lethal Weapons], beschreibt ihre Wirkung so: ‹Als träfe dich ein Vorschlaghammer, nur ohne bleibende Schäden›. Auf einem Symposion des Fraunhofer-Instituts für Chemische Technologie demonstrierten jüngst 160 Wissenschaftler und Waffenfabrikanten aus 23 Ländern Militärs, Polizeikräften und Fachpublikum, wie man mit Gas, Schall und Strom Terroristen, revoltierende Gefangene oder Randalierer ausschalten und dennoch ‹das Recht auf Respekt vor dem Leben› [...] verteidigen kann. [...] Erst vor kurzem hatte die verführerischste Polizeiwaffe [...] Premiere: Der ‹Advanced Taser›. Thomas P. Smith, der eloquente Präsident von Taser.com, vermittelte bei der Präsentation den Eindruck eines stilvollen Sozialingenieurs. [...] ‹M26› ist eine Druckpistole, die 50000 Volt an zwei Strom führenden Kabeln auf sieben Meter Distanz mit einer Miniaturharpune in den Angreifer jagt und diesen bereits nach einer halben Sekunde umwirft. Der Strom [...] durchschlägt sechs Zentimeter Kleidung und Leder und läßt den kampfunfähigen Delinquenten [...] noch weitere fünf Sekunden lang den Saft schmecken, der ihn niederstreckt. Ein Kurzfilm zeigt das in drastischer Metaphorik: Ein blutiges Fünf-Kilo-Steak, das ohne Frage ‹uns›, die Ziele, repräsentiert, wird durch ein Paket Badehandtücher hindurch erfolgreich getasert: ein Dröhnen, als sei dein ‹ganzer Körper ein Musikantenknochen› (Smith). Danach werden wir eine Zeit lang Probleme haben, die Muskeln unter Kontrolle zu halten, aber das vergeht. Zurück bleiben zwei Einstichlöcher von den Harpunenspitzen, groß wie Insektenstiche. Eine Erfahrung, die von 40000 Freiwilligen trotz hoher Belohnung keiner ein zweites Mal machen wollte. [...] NLWs sind klinisch saubere Waffen. Sie fügen sich nahtlos in die Philosophie der chirurgischen Eingriffe moderner Städte-Kriege ein. Früher galt: ‹Tötet sie alle. Gott wird die Seinen erkennen›. Heute tritt die zielgenaue High-Tech-Waffe an die Stelle des Glaubens. Jetzt wird dank nicht-lethaler Wirkstoffe Genauigkeit durch Gründlichkeit ersetzt, zum Beispiel durch ein Gas, das nur auf bestimmte Gruppen wirkt. Wir werden die Unseren hinterher retten können.»

Olaf Arndt, David Artichouk, Süddeutsche Zeitung, 2. Juni 2003

Was Olaf Arndt in einem *Der falsche Schlaf* überschriebenen Aufsatz[283] an neuen „Vehikeln" und Instrumenten für künftige (polizeiliche) Konfliktlösungen im Dienste der inneren Sicherheit zusammenträgt, situiert er selbst in einer mit „Strom, Schall, Gas und Schaum erzeugten Science-Fiction-Wirklichkeit". Deren Figuren und Szenen scheinen Hollywood-Horror- und Action-Filmen entsprungen zu sein. Arndts Bericht über das Forschungsgebiet *Non-lethal-weapons* ist allerdings harte Realität.
Mehr als fünfzig Jahre reicht dessen Geschichte zurück. Wer sich über die futuristisch anmutenden, teilweise schon praktizierten Szenarien der inneren Sicherheit informieren will, findet in Arndts äußerst materialreichem Beitrag Details. Mit der Installation dieser Szenarien ist begonnen worden, lange bevor wir erstmals von Einzelheiten dieser bedrohlichen Realität erfahren haben. Wissenschaftler synthetisieren medizinische, biologische, neurologische, nanotechnologische und andere naturwissenschaftlich-technische Entwicklungen in *smarten* Waffensystemen. Sie ersinnen „medien- und biotechnologisch aufgerüstete Geräte", die, wie Arndt berichtet, vorübergehend Schlaf, Schmerz, Blindheit, Lähmung, Erbrechen, spontane Defäkation und anderes bewirken. Sie entwickeln Techniken urbaner Kriegsführung, die sich auf „Massenkontrolle (alles erkennen), Gruppenkontrolle (flächendeckend festsetzen) und Gefangenenkontrolle (gezielt ausschalten)" konzentrieren. Arndt berichtet von Interventionen, die eine „Unterbrechung des Zusammenhangs von Bewußtsein und Aktion" herbeiführen. Von „Designerpharmazeutika (Hypnotika, Anästhetika)", die eine „programmierte Ohnmacht der aufrührerischen Bevölkerung" bewirken. Entwickelt worden sind „gentechnisch modifizierte Kampfgase", die ihre Wirkung zielgerichtet an „bestimmte Ethnien adressieren", und Instrumente, die die „Körpertemperatur von Lebewesen innerhalb von Sekunden auf 42 Grad" erhitzen können. Mit Hilfe von *Psychoelektronik* und *Nanotechnologie* soll mit dem zentralen Nervensystem von Verdächtigen („Suspekten") direkt interagiert werden können. Von *trojanischen Vehikeln* ist dort die Rede, wo mit „cybercop-Technik" ausgestattete Fahrzeuge,

die äußerlich wie Krankenwagen aussehen, unbemerkt zu ihrem Zielort fahren können, um dort gezielt ihren Auftrag zu erledigen. *Area denial devices* sind mobile „Barrieren der Zukunft“, die nicht länger im „Boden der Stadt“ verankert sind, sondern „auf die Körper der Personen geklebt“ werden. Bei der *Sonic hallucination* rast ein „hypersonischer Strahl“ nicht hörbar durch den Raum und materialisiert sich erst, wenn er auf feste Gegenstände trifft – wer die Botschaft höre, vermute, sie sei beim ihm erzeugt worden. Täuschung und Fälschung auch auf dem Gebiet der Bilder: „Illusionsmaschinen“ – Projektoren, die ohne Leinwand auskommen – gaukeln „Revoltierenden eine nicht reale Situation als real“ vor, „Richtschallwaffen“ spielen den „Rädelsführern von Aufständischen sonische Hologramme ein“. Derlei nennt sich „strategische Persönlichkeitsstimulation“. Die Phantasie der dienstbaren Wissenschaft ist grenzenlos: Sie hat „einstellungsverändernde elektromagnetische Waffen“ und „Niederfrequenzwaffen“ entwickelt, die für die „Verminderung der Schweißabsonderung“ und das „Vertrocknen der Mundhöhle, Magenschmerzen, übersteigerte Formen der Entspannung“ sorgen.
Bei all diesen neuen Waffen und Techniken – für die die neuen Begriffe *pigmentation weapons, mood management, riot control weapons, mass incapacitation* bereitstehen – wird der „Körper als Schlachtfeld“ betrachtet. Höchst mobil, unsichtbar und ausgerichtet auf „mind control“, könnten sie, schreibt Arndt, wichtiges Ziel von Rechtsstaaten des 21. Jahrhunderts sein, von „unblutige[n], dennoch wohlgerüstete[n] Demokratien“, die die ABC-Waffen-Verbote unterlaufen würden.
Daß sie die Praktiken urbaner Kontrolle, von denen dieses Buch handelt, radikalisieren, liegt auf der Hand.

Sicherheit – der neue Kultbegriff Ob es sich um neue Formen städtischer Kriegsführung handelt, um städtische oder private Überwachung oder „Wearable Computing“[284], all diese sogenannten Fortschritte machen uns ganz allmählich und mit großer Verführungskraft mit all den aktuellen „Vernunftgestalten“ von Kontrolle und Überwachung vertraut. „Wearable Computing“ ist eines der Zauberwörter in der aktuellen Forschung. Es meint Technologien, die tragbare Telefone, Handys und Laptops eines nicht fernen Tages überflüssig machen werden. Intelligente Textilien, die unsere Bewegungen aufzeichnen, unser Gedächtnis unterstützen. Auf dünnsten Folien oder leitfähigen Fasern in Textilien eingebunden oder im Körper implantiert, verbinden uns miniaturisierte Computer- und Kommunikationssysteme mit medizinischen, haus- oder quartiersinternen Kontrollstationen, gestatten schnellste Notfallhilfe oder den Zugang zu spezifischen Räumen. Unsere Körperenergien nutzend, werden wir über Brillen oder Schmuckstücke Filme schauen, Webseiten besuchen oder Tabellen aufstellen. Über Bildsensoren in der Brillenfassung lassen sich Objekte im Stadtraum mit dem Finger anpeilen. Gelegentlich eines Stadtbesuchs kommen die „Daten aus dem Stadtarchiv [...] per Internet und werden paßgenau auf die jeweiligen Außenfassaden eingespielt“[285]. „Wissenschaftler“, berichtet eine ETH-Doktorandin, „erschaffen ihre eigene ‚Science-Fiction‘: Sie erklären den Menschen zum unvollkommenen Auslaufmodell. Entweder wird er durch klügere Maschinen übertrumpft, oder er überlebt, indem er mit Maschinen verschmilzt und sich so seiner Unvollkommenheiten entledigt.“[286]

Es ist die Effizienz der diversen disziplinübergreifenden Umbauprojekte, die es beinahe mühelos schafft, den Paradigmenwechsel *Sicherheit statt Freiheit* Realität werden zu lassen. Im Unterschied zu den Überwachungskameras im städtischen Raum, denen man, schwenkte man den Blick von Zeit zu Zeit von der Straße oder den Schaufensteranlagen in die Höhe der Eingänge oder der Dächer der Stadt, noch Sichtbarkeit attestieren kann, bewegen sich viele der beschriebenen Phänomene auf verschlungenen Wegen in die Unsichtbarkeit. Dank der Kooperation disziplinübergreifender Forschungen und Techniken, heißt es in einem Bulletin der Eidgenössischen Technischen Hochschule Zürich, stünde uns weitere ‚Fortschritte‘ bevor, durch die herkömmliche Computer irgendwann verschwinden und in miniaturisierter Form „in die von uns genutzten Alltagsgegenstände“ integriert werden: „Angefangen

vom Computer im Schuh, der es uns erlaubt, Daten per Handschlag auszutauschen, bis hin zur intelligenten Kaffeetasse, die genau weiß, ob und wann wir Kaffee pur oder mit Milch bevorzugen."[287] Wie auch immer Daten in Zukunft übermittelt werden – ohne Aushorchung, Abhörung, Anzapfung unserer Körper, ohne Integritätsverletzung, falls man das dann noch so nennen wird, wird es nicht gehen. Die ,Fortschritte' diverser Sicherheitstechnologien konzentrieren sich auf Körperfunktionen, genetische Muster oder Bewegungs- und Verhaltensweisen im (städtischen) Raum, auf alles, was dem Sicherheitswahn zukünftig ins Auge springen mag.
Wenn wir von Überwachung im städtischen Raum reden, bewegen wir uns nur in *einem Ausschnitt* des weit aufgespannten Horizonts von Eingriffs- und Angriffspraktiken auf jede Art und Dimension von vorstellbaren Körpern, Räumen und Zwischenräumen. Architektur- und Stadträume sind Umbauprojekte wie in anderen Disziplinen psychische, geistige und molekulare Räume, wie Kommunikations-, Körper- und Apparateräume.

Umbau der menschlichen Realität Die Effizienz der diversen Umbauprojekte hat mit den disziplinübergreifenden Schnittstellen zu tun, die heterogenste Wirklichkeiten verknüpfen. Wearable Computing wird räumliche und zwischenmenschliche Überwachungstechniken nicht nur beeinflussen, sondern in Dimensionen ermöglichen, die jetzt noch gar nicht vorstellbar sind und so weitere Interessen an weiterreichenden Informationen über andere Räume provozieren. Man könnte ja nicht nur wissen wollen, ob eine Frau ihren Mann betrügt oder ob A B umgebracht hat, sondern was die Beteiligten in unterschiedlichen Phasen dabei empfinden – beispielsweise als Argument für das Strafmaß.
Das Signifikante all dieser Anstrengungen scheint zu sein, daß die Auswirkungen der Erkenntnisse unterschiedlichster Wissensgebiete sich nicht primär auf Elementarteilchen, den Kosmos, den Tiefbau et cetera richten, sondern auf den *Umbau des Menschen* beziehungsweise *der menschlichen Realität* selbst. Die Konstruktion des Menschen und all dessen, was Realität für ihn bedeuten

kann, ist selbst ins Zentrum gerückt. Wenn dank eines Wearable Computers 1999 erstmals der Flug einer Brieftaube exakt nachvollzogen werden konnte, dann werden es sicher auch bald die Wege, und nicht nur die physischen, jedes beliebigen Menschen sein.
Die Schnittstelle Mensch-Maschine ist die Hauptbaustelle unserer Zeit. Diese Schnittstelle ist multidimensional. Das traditionelle Individuum verschwindet. Es ist de- und rekonstruierbar geworden. Physis, Psyche, Geist und Verhalten sind die *Objekte* angreifender Instrumente und Techniken, die aus den Schnittstellen Informationen herauszuholen, sie zu lesen und zu interpretieren wissen und darüber hinaus Ideen und Konzepte zum Eingreifen bereithalten oder automatisch eingreifen. So etwa wenn in der Stadt flanierende Individuen mit ihren Bewegungen die in der Überwachungssoftware über sie gelegten Normbewegungskonturen signifikant verletzen.
In diesem uneinsehbaren Universum neuer Kontakt- und Kommunikations-Überwachungsstellen, von denen wir unter Umständen existentiell abhängig (Medizin, Versicherungen) und denen wir ausgeliefert sein werden (Raumüberwachung), von deren Existenz wir vielfach nicht einmal wissen, sind *wir* schlicht die Objekte, mit denen – uns vorläufig noch unvertraute – Apparaturen oder Instanzen kommunizieren. Ob wir davon wissen, hängt zu einem signifikanten Teil nicht von uns selbst ab. Wir *werden* kontaktiert, wir *werden* wahrgenommen, klassifiziert, interpretiert, quantifiziert, ohne daß wir für jene Instanzen ein zu respektierendes Vis-à-vis wären. Mit uns wird nicht verhandelt. Aber auch darüber haben wir nicht entschieden.

Demokratisch legitimierter Totalitarismus Es fragt sich, wie man nennen soll, was gegenwärtig unter demokratischen Verhältnissen eingerichtet wird. Es ist nicht zu übersehen, daß eine große Zahl der diskutierten Praktiken denjenigen Elementen zugerechnet werden müssen, die Hannah Arendt als *Elemente totalitärer Herrschaft* identifiziert hat. Robert Menasse hat die These, daß im Zusammenhang mit dem Sicherheitsdiskurs dann von *demokratischem Totali-*

tarismus zu sprechen wäre, wenn das Bedürfnis nach Übereinstimmung mit dem gesellschaftlichen Durchschnittsbewußtsein sich als übermächtig erweise, zu präzisieren versucht: besser wäre von einem „demokratisch legitimierten Totalitarismus“[288] zu reden.

Anmerkungen

1 Rosset, Clément, Short Cuts, hg. von Peter Gente, Heidi Paris und Martin Weinmann, Frankfurt am Main 2000, S. 5
2 Vgl. Sennett, Richard, Der flexible Mensch. Die Kultur des neuen Kapitalismus, Berlin 1998
3 Bloch, Ernst, Das Prinzip Hoffnung, Gesamtausgabe, Bd. 5 (edition suhrkamp) Frankfurt am Main 1977, S. 165 und passim
4 Seel, Martin, Drei Regeln für Utopisten, in: Merkur, Heft 9/10, Sept./Okt. 2001, S. 747-755
5 Bohrer, Karl Heinz, Kurt Scheel, Zu diesem Heft, Merkur, Heft 9/10, Sept./ Okt. 2001, S. 745
6 Der utopische Staat, Morus: Utopia, Campanella: Der Sonnenstaat, Bacon: Neu-Atlantis, hg. von Klaus J. Heinisch, Reinbek 1964
7 Samjatin, Jewgenij, Wir, Köln ^{6}1997
8 Huxley, Aldous, Schöne neue Welt,
9 Orwell, George, 1984,
10 Arendt, Hannah, Elemente und Ursprünge totaler Herrschaft, München 1986, S. 504
11 Seel, a.a.O., S. 749ff
12 Vgl. Bourdieu, Pierre, Was heißt sprechen? Die Ökonomie des sprachlichen Tausches, Wien 1990, S. 71ff
13 Bourdieu, a.a.O., S. 8
14 Foucault, Michel, Überwachen und Strafen. Die Geburt des Gefängnisses, Frankfurt am Main 1977, S. 25ff
15 Wacquant, Loïc, Elend hinter Gittern, Konstanz 2000, 68ff
16 Ebd.
17 Wacquant, a.a.O., S. 86
18 Bourdieu, a.a.O., S. 71
19 Bourdieu, a.a.O., S. 73
20 Bourdieu, a.a.O., S. 74
21 Rossi, Aldo, Die Architektur der Stadt (= Bauwelt Fundamente, Bd. 41), Düsseldorf 1975
22 In einem Gespräch mit Thomas Assheuer problematisiert Jacques Derrida den Gebrauch dieser Wörter. „Der Sinn der Ausdrücke ‚Flüchtlinge', ‚Verbannter', ‚Im-Exil-Lebender', ‚Deportierter', ‚*displaced person*' und selbst derjenige des ‚Fremden' und ‚Ausländers' hat sich geändert. Diese Änderung verlangt einen

anderen Diskurs, andere praktische Antworten. Und das wiederum verändert den Horizont des Politischen, der Bürgerschaft, der nationalen Zugehörigkeit und des Staates.“ Die Zeit, 5. März 1998

23 Kapuścínski, Ryszard, Macht und Ohnmacht. Der Kampf um die Macht ist ein Kampf um die Sprache, in: NZZ Folio, Nr. 10, Oktober 1994, S. 32-37
24 Wicki, Maja, Anni Lanz (Hg.), So viel standen wir durch. Dorthin können wir nicht zurück, Flucht- und Exilgeschichten von Kriegsvertriebenen aus dem ehemaligen Jugoslawien, Zürich 1997
25 Kapuścínski, a.a.O., S. 32
26 Bourdieu, a.a.O., S. 8
27 Starobinski, Jean, Das Leben der Augen, Frankfurt am Main/Berlin/Wien 1984, S. 5
28 Bericht von Theo Koll, in: 3sat-KulturZeit, 8. Januar 1999. Vgl. auch „Wir kriegen sie alle“, in: Der Spiegel Nr. 27, 5. Juli 1999, sowie Buse, Uwe, Cordt Schnibben, Der nackte Untertan. Satelliten schauen in Vorgärten, Mikrokameras beäugen Kassiererinnen, Computer belauschen Telefonate, Marktforscher durchleuchten Wohnhäuser, Voyeure schnüffeln im Internet – Little Brother is watching you. Wie harmlos ist die digitale Gesellschaft, in: Der Spiegel, Nr. 27, 5. Juli 1999
29 Foucault, a.a.O., S. 86f
30 Foucault, a.a.O., S. 86
31 Foucault, a.a.O., S. 88
32 Bericht von Theo Koll, in: 3sat-KulturZeit, 8. Januar 1999
33 Ebd.
34 Ebd.
35 Ebd.
36 Rundschau. Magazin des Schweizer Fernsehens, DRS, 24. März 1999
37 Foucault, a.a.O., S. 145, Hervorh. EB
38 Zinganel, Michael, Real Crime. Produktivkraft Verbrechen. Sicherheitstechnik, Architektur, Stadtplanung, in: CENTRUM. Jahrbuch Architektur und Stadt 2002.2003, Darmstadt 2003, S. 15ff
39 Rundschau, a.a.O.
40 Foucault, a.a.O., S. 274f
41 Vgl. Groys, Boris, Über das Neue. Versuch einer Kulturökonomie, München/Wien 1992, S. 55ff
42 Davis, Mike, City of Quartz. Ausgrabungen der Zukunft in Los Angeles, Berlin / Göttingen 1994 268f. Davis zitiert hier N. David Milder, Crime and Downtown Revitalization, in: Urban Land, Sept. 1987, S. 18
43 Davis, a.a.O., 269ff
44 Mumford, Lewis, Die Stadt, Geschichte und Ausblick, Bd. 1, München 1979, S. 656
45 Ebd.

46 Vgl. Sennett, a.a.O.
47 Kapuścínski, a.a.O., S. 32
48 Darnstädt, Thomas, Der Ruf nach mehr Obrigkeit, in: Der Spiegel, Nr. 28, 7. Juli 1997
49 Friedländer, Saul, Kitsch und Tod. Der Widerschein des Nazismus, München 1986, S. 36
50 Darnstädt, a.a.O.
51 „'Null Tolerance'", schreibt Wacquant, sei „in der Tat das polizeiliche Gegenstück zur Masseninhaftierung, in Großbritannien wie in den Vereinigten Staaten ein Ergebnis der strafrechtlichen Verfolgung von Elend." Wacquant, a.a.O., S. 43
52 Wyss, Eva, Zerbrochene Fenster müssen sofort repariert werden, in: Neue Zürcher Zeitung. 21./22. September 1998
53 Darnstädt, a.a.O.
54 Der Fall des seinerzeit elfjährigen Raoul Wüthrich war Resultat eines in einem amerikanischen Wohnquartier laufenden „Neighborhood Watch"-Programms, das, wie die ZEIT-Autorin Margrit Sprecher bemerkte, „den Blick für ungewöhnliches Verhalten" schärft. Die Zeit, 28. Oktober 1999
55 Blum, Elisabeth, Wem gehört die Stadt? Armut und Obdachlosigkeit in den Metropolen, Basel 1996
56 Touraine, Alain, Die Stadt – ein überholter Entwurf, in: Peter Klein (Hg.), Die Stadt – Ort der Gegensätze, Sonderheft Demokratische Gemeinde, März 1996, S. 18-32
57 Darnstädt, a.a.O.
58 Virilio, Paul, Der negative Horizont, München 1989, S. 232
59 Davis, Mike, in: Spiegel special 8/1997 (Thema Kalifornien). Special-Gespräch: „Stoff für Romane", S. 22
60 Darnstädt, a.a.O.
61 Foucault, a.a.O., S. 38 und passim
62 Darnstädt, a.a.O.
63 Foucault, a.a.O., S. 256ff
64 Foucault, a.a.O., S. 286
65 Foucault, a.a.O., S. 221
66 Arendt, a.a.O., S. 665
67 Arendt, a.a.O., S. 664
68 Siebel, Walter, Die Stadt und die Fremden, in: J.Brech, L.Vanhué (Hg.), Migration. Stadt im Wandel, Darmstadt 1997
69 Vgl. Friedländer, a.a.O., S. 11
70 Friedländer, a.a.O., S. 11
71 Ebd.
72 Friedländer, a.a.O., S. 17
73 Friedländer, a.a.O., S. 15

74 Friedländer, a.a.O., S. 10
75 Friedländer, a.a.O., S. 15
76 Friedländer, a.a.O., S. 11
77 Friedländer, a.a.O., S. 12
78 Friedländer, a.a.O., S. 17
79 Friedländer, a.a.O., S. 16
80 Friedländer, a.a.O., S. 14
81 Friedländer, a.a.O., S. 19, vgl. dort Anm. 1
82 Friedländer, a.a.O., S. 24, vgl. dort Anm. 7
83 Friedländer, a.a.O., S. 19
84 Ebd.
85 Vgl. Master Declaration of Covenants, Conditions, and Restrictions for Clipper Cove Village. Instrument prepared by John F. Stanley, Esquire, Vega, Brown, Stanley & Burke, P.A. Naples, Florida
86 Friedländer, a.a.O., S. 20
87 Friedländer, a.a.O., S. 44
88 Friedländer, a.a.O., S. 23
89 Wheatley, Jonathan, Going Up, in: Swissair-Gazette, Februar 2001
90 „In seinem Buch *Privatopia* zitiert Evan McKenzie einen Wirtschaftswissenschafter aus dem US-Innenministerium, der schon Ende der 80er für möglich hielt, daß Eigentümergesellschaften die öffentlichen Gemeinden als Organisationsform ersetzen werden." Vgl. Lischka, Kurt , Aus Angst geboren, die tageszeitung, 13. März 2002.

Zum Thema *Gated Communities* vgl. auch: Glasze, Georg, Wohnen hinter Zäunen – bewachte Wohnkomplexe als Herausforderung für die Stadtplanung, in: Gestring, Norbert, Herbert Glasauer, Christine Hannemann, Werner Petrowsky und Jörg Pohlan (Hg.), Jahrbuch StadtRegion, Opladen 2002, S. 75-94; ders.: Geschlossene Wohnkomplexe (gated communities): „Enklaven des Wohlbefindens" in der wirtschaftsliberalen Stadt, in: Roggenthin, Heike (Hg.), Stadt – der Lebensraum der Zukunft? Gegenwärtige raumbezogene Prozesse in Verdichtungsräumen der Erde, Mainz 2001, S. 39-55; vgl auch Rötzer, Florian, Überwachte Siedlungen und der Auszug aus den Städten, in: Telepolis, 1. Dezember 2002; vgl. Younge, Gary, No refuge from reality, The Guardian, 22. Dezember 2002: http://www.guardian.co.uk/comment/story/0,3604,851753,00.html

„Dem Interessenverband Community Associations Institute zufolge existieren heute in den Vereinigten Staaten 230.000 auf dem Reißbrett entworfene Wohnanlagen, im Jahr 2004 sollen es 260.000 Anlagen mit insgesamt 21 Millionen Wohneinheiten sein. [...] Etwa ein Fünftel der privaten Wohnkomplexe unterliegt heute Zugangsbeschränkungen. Multipliziert man diese Zahl [21 Mill., Red.] mit der durchschnittlichen Haushaltsgröße von 2,7 Personen, werden den Prognosen zufolge im Jahr 2004 gut elf Millionen Amerikaner in *gated communities* leben." (zit. nach: Konrad Lischka, „Aus Angst geboren", die tageszeitung, 13. März 2002) In einem Beitrag für die *Neue Zürcher Zeitung* berichtet Susanne Ostwald, Schätzungen zufolge lebten „derzeit rund 48 Millionen Amerikaner in etwa 225.000 solcher Privatgemeinden, [...] etwa acht von zehn neu erschlossenen Wohngebieten in den USA seien heute umzäunt. Insbesondere in Kalifornien, Arizona und Florida ist es inzwischen schwierig geworden, neue Immobilien außerhalb solcher geschlossener Gemeinden zu finden." Zit. nach: „Lebendig eingemauert. Gated Communities verändern die Gesellschaft in Amerika", Neue Zürcher Zeitung, 26. September 2000

91 Baron, Lois M., The Great Debate, Copyright 1998 Information Access Company, a Thompson Corporation Company, ASAP, Copyright 1998 Hanley-Wood Inc. Builder (März 1998)

92 Vgl.Blakely, Edward J. und Mary Gail Snyder, Gating America. http://www.asu.edu/caed/proceedings97/blakely.html

93 Ebd.

94 Vgl. Anm. 90

95 Friedländer, a.a.O., S. 81

96 Ebd.

97 Ebd.

98 Friedländer, a.a.O., S. 82

99 Friedländer, a.a.O., S. 15

100 Was nach Ansicht der etablierten Klassen gefährlich ist, läßt sich nicht gewaltsam aus der städtischen Realität entfernen. Ein Gespräch mit dem Soziologen Sighard Neckel, in: CENTRUM. Jahrbuch Architektur und Stadt 2000-2001, Basel 2000, S. 105; unter dem Titel „Der Parternalismus der Postmoderne" erschienen in: Blum, Elisabeth und Peter Neitzke, Boulevard Ecke Dschungel. StadtProtokolle, Hamburg 2002, S. 100-114

101 Geremek, Bronislaw, Geschichte der Armut. Elend und Barmherzigkeit in Europa, München 1991

102 Ebd.

103 Geremek, a.a.O., 297

104 Ebd.

105 Wacquant, Loïc, Elend hinter Gittern, Konstanz 2000

106 Wacquant, a.a.O., S. 75ff. „Zwischen 1979 und 1990 sind die staatlichen Ausgaben für den Strafvollzug mit 325 % (Verwaltung und Durchführung) bzw. 612 % (bauliche Maßnahmen) dreimal schneller gestiegen als die Militärkredite auf Bundesebene, die unter den Regierungen Reagan und Bush außergewöhnlich begünstigt wurden. [...] 1993 wurde in den Vereinigten Staaten insgesamt mehr für Haftanstalten als für die Justizverwaltung ausgegeben (32 Milliarden Dollar gegen 21 Milliarden). [...] während Bill Clinton überall im Land stolz verkündete, daß die Ära des ‚big government' nun vorbei sei [...], wurden 213 neue Gefängnisse [bis 1999, EB] gebaut – ohne Einberechnung der privat

betriebenen Haftanstalten, die seit der Öffnung dieses lukrativen Marktes einen starken Zuwachs erfahren haben." Schon 1993 war der „‚Strafvollzug' [...] zum *„drittgrößten Arbeitgeber des Landes* direkt hinter General Motors und dem Supermarktriesen Wal-Mart" geworden. „Gemäß der Erfassungsbehörde bilden Ausbildung und Einstellung von Gefängniswärtern den am schnellsten gewachsenen Posten aller Regierungsaktivitäten der letzten zehn Jahre. Der Haushalt der Strafvollzugsverwaltung Kaliforniens ist zwischen 1975 und 1999 von 200 Millionen um das 22-fache auf über 4,3 Milliarden Dollar gestiegen (kein Tippfehler!) und übersteigt den den öffentlichen Universitäten, die lange Zeit als Schmuckstück des Staates galten. Als Ronald Reagan das Weiße Haus bezog, lag die Zahl der Gefängniswärter bei 6.000. Heute gibt es in den Haftanstalten des *Golden State* mehr als 40.000, zuzüglich der 2.700 *parole officers* zur Beaufsichtigung der 107.000 Bewährungshäftlinge, die 131 Büros an 71 Orten zugewiesen sind. Ihr Durchschnittsgehalt, das 1980 bei 14.400 Dollar lag, beträgt heute 55.000 Dollar und liegt damit 30 % über dem eines Oberassistenten der University of California." Zwischen „1979 und 1989 [stiegen] die Ausgaben für den Strafvollzug um 95 %, während die Mittel für öffentliche Krankenhäuser stagnierten, die für *high schools* um 2 % und [wurden] für Sozialhilfe um 41 % gekürzt. [...] Amerika hat sich entschieden, für seine Armen eher Haft- und Strafanstalten zu bauen als Ambulanzen, Kindergärten und Schulen. [...]
Zwischen 1988 und 1998 sind im Staat New York die Ausgaben für den Strafvollzug um 76 % gestiegen und die Mittel für universitäre Ausbildung um 29 % gekürzt worden. [...]
In Kalifornien kostet jeder Strafgefangene 22.000 Dollar pro Jahr, was dem dreifachen Betrag des Hilfesatzes der AFDC {Aid to Families with Dependent Child, EB] für eine vierköpfige Familie entspricht."

107 Wacquant, a.a.O., S. 136

108 Wacquant, a.a.O., S. 21

109 Wacquant, a.a.O., S. 28

110 Wacquant, a.a.O., S. 139

111 Wacquant, Loïc, Niedergang des Sozialstaats, Aufrüstung des Strafstaats. In den USA wird die Armut bekämpft, indem man sie kriminalisiert, in: Le Monde diplomatique, Juli 1998; vgl. auch Armut als Delikt. Ein Gespräch mit Loïc Wacquant, in: Mittelweg 36. Zeitschrift des Hamburger Instituts für Sozialforschung. Heft 6, Dezember 2001/Januar 2002, S. 65-74, nachgedruckt in: Blum, Elisabeth und Peter Neitzke, Boulevard Ecke Dschungel. StadtProtokolle, Hamburg 2002, S. 152-163

112 Ebd.

113 Geremek, a.a.O., 245f

114 Geremek, a.a.O., 246ff

115 Wacquant, Elend ..., S. 114

116 Margalit, Avishai, Politik der Würde. Über Achtung und Verachtung, Berlin 1997
117 Stern, Fritz, Vorwort zu: Margalit, a.a.O., S. 7
118 Margalit, a.a.O., S. 108
119 Margalit, a.a.O., 15
120 Margalit, a.a.O., S. 148
121 Margalit, a.a.O., S. 148
122 Margalit, a.a.O., S. 19
123 Margalit, a.a.O., S. 20
124 Ebd.
125 Margalit, a.a.O., S. 175
126 Margalit, a.a.O., S. 23
127 Margalit, a.a.O., S. 45
128 Margalit, a.a.O., S. 54
129 Margalit, a.a.O., S. 69
130 Margalit, a.a.O., S. 127
131 Margalit, a.a.O., S. 128
132 Margalit, a.a.O., S. 109
133 Horkheimer, Max, Theoretische Entwürfe über Autorität und Familie. Allgemeiner Teil, in: Studien über Autorität und Familie. Forschungsberichte aus dem Institut für Sozialforschung, Paris 1936, S. 25
134 Foucault, a.a.O., S. 237
135 Margalit, a.a.O., S. 145
136 Margalit, a.a.O., S. 241
137 Margalit, a.a.O., S. 244
138 Margalit, a.a.O., S. 150f
139 Foucault, a.a.O., S. 9
140 Foucault, a.a.O., S. 12
141 Foucault, a.a.O., S. 14
142 Foucault, a.a.O., S. 20
143 Foucault, a.a.O., S. 17
144 Foucault, a.a.O., S. 18
145 Foucault, a.a.O., S. 15
146 Foucault, a.a.O., S. 18
147 Schlag, Beatrice, Daniela Schmid, Selbstmord live, in: Das Magazin. Wöchentliche Beilage im Tages-Anzeiger, Zürich, Nr. 44, 1999, S. 16-29
148 Foucault, a.a.O., S. 15
149 Foucault, a.a.O., S. 93
150 Foucault, a.a.O., S. 41
151 Ebd.
152 Foucault, a.a.O., S. 41. Der Begriff „moderne Seele“ wird historisch also genau in dem Moment virulent, als zwischen 1760 und 1840, zur Zeit der großen

Strafrechtsreformen, die Folterszenarien allmählich von der Straße verschwinden und durch neue Praktiken abgelöst werden.

153 Foucault, a.a.O., S. 28

154 Foucault, a.a.O., passim

155 Vgl. Foucault, a.a.O., S. 380

156 Foucault, a.a.O., S. 19

157 Foucault, a.a.O., S. 36

158 Ebd.

159 Foucault, a.a.O., S. 37

160 Foucault, a.a.O., S. 38

161 Ebd. Vgl. auch Foucault, Michel, In Verteidigung der Gesellschaft. Vorlesungen am Collège de France 1975-76, Frankfurt am Main 1999. In seiner Vorlesung vom 14. Januar 1976 erläutert Foucault methodische Vorkehrungen bezhüglich der Wahrnehmung der Macht, S. 36ff

162 Foucault, a.a.O., S. 37

163 Foucault, a.a.O., S. 18

164 Die Nacht hat tausend Augen. Der Datenkrieg, Arte-Filmbeitrag, gesendet am 10. Oktober 1999

165 Vgl. Anm. 28

166 Foucault, a.a.O., S. 17

167 Foucault, a.a.O., S. 19

168 Foucault, a.a.O., S. 18

169 Foucault, a.a.O., S. 27ff

170 Foucault, a.a.O., S. 34f

171 Horkheimer, a.a.O., S. 25

172 Ebd.

173 Arendt, a.a.O., S. 701

174 Arendt, a.a.O., S. 575

175 Harlan, Rappmann, Schata (1976,1984) Soziale Plastik. Materialien zu Joseph Beuys, Achberg [3]1984, S. 61

176 Horkheimer, a.a.O., S. 22

177 Horkheimer, a.a.O., S. 12

178 Harlan, Volker, Was ist Kunst? Werkstattgespräch mit Beuys, Stuttgart [2]1987: „Meine Objekte müssen als Anregungen zur Umsetzung der Idee des Plastischen verstanden werden. Sie wollen Gedanken darüber provozieren, was Plastik sein *kann* und wie das Konzept der Plastik auf die unsichtbaren Substanzen ausgedehnt und von jedem verwendet werden kann: Gedankenformen – Wie wir unsere Gedanken bilden. Sprachformen – Wie wir unsere Gedanken in Worte umgestalten. Soziale Plastik – Wie wir die Welt, in der wir leben, formen und gestalten: Plastik ist ein evolutionärer Prozeß, jeder Mensch ein Künstler. Deswegen ist, was ich plastisch gestalte, nicht festgelegt und vollendet." (S. 13)

179 Harlan, Rappmann, Schata, a.a.O., S. 21

180 Harlan, Rappmann, Schata. a.a.O., S. 61
181 Harlan, a.a.O., S. 13 und passim
182 Harlan, Rappmann, Schata, a.a.O., S. 58
183 Harlan, a.a.O., S. 27ff
184 Harlan, a.a.O., S. 28
185 Harlan, a.a.O., S. 30
186 Sassen, Saskia, Metropolen des Weltmarkts. Die neue Rolle der Global Cities, Frankfurt am Main/New York 1996, S. 168
187 Simmel, Georg, Der Fremde, in: Das individuelle Gesetz. Philosophische Exkurse, hg. und eingel. von Michael Landmann, Frankfurt am Main 1987, S. 63
188 Ebd.
189 Simmel, a.a.O., S. 65
190 Simmel, a.a.O., S. 67
191 Simmel, a.a.O., S. 63
192 Vgl. Gaserow, Vera, Ariel Hauptmeier, Heimlich in Deutschland, in: Die Zeit, Nr. 27, 25. Juni 1998
193 Habermas, Jürgen, Die postnationale Konstellation und die Zukunft der Demokratie, in: Blätter für deutsche und internationale Politik, 7/98, S. 804
194 Einleitung des Herausgebers, a.a.O., Simmel zitierend, S. 12
195 Einleitung des Herausgebers, in: Simmel, Georg, Der Fremde, in: Das individuelle Gesetz. Philosophische Exkurse, Frankfurt am Main 1987, S. 18
196 Einleitung, a.a.O., S. 13
197 Einleitung, a.a.O., S. 16
198 Sennett, a.a.O., S. 129
199 Sennett, a.a.O., S. 159
200 Koolhaas, Rem, Die Stadt ohne Eigenschaften, in: ARCH+ 132, Juni 1996
201 Ebd.
202 Ebd.
203 Bettina Kaps, Bojen für Obdachlose. Ein Wettbewerb, eine Ausstellung und fast keine Folgen, in: Blum, Elisabeth, Wem gehört die Stadt? Armut und Obdachlosigkeit in den Metropolen, Basel 1996
204 Ebd.
205 Blum, Elisabeth, An Urban Pilot Project. A New Figure of Urban Spots for the Poor and the Homeless. A Figure of Urban Left-overs placed in Manhattan as a Cipher of the Big Rich City, in: transCity (Studentische Publikation an der Architekturabteilung der ETH Zürich). Die Stadt des 21. Jahrhunderts, Nr.1, Juni 1997, S. 143-147
206 Margalit, a.a.O., S. 19
207 Archigram. A Guide to Archigram 1961-74. Ein Archigram-Programm 1961-74, London 1994, S. 42
208 Archigram, a.a.O., S. 39

209 Archigram, a.a.O., S. 25
210 Archigram, a.a.O., S. 27
211 Archigram, a.a.O., S. 183
212 Archigram, a.a.O., S. 110
213 Archigram, a.a.O., S. 237ff
214 Archigram, a.a.O., S. 130ff
215 Archigram, a.a.O., S. 247
216 Archigram, a.a.O., S. 81
217 Archigram, a.a.O., S. 94
218 Archigram, a.a.O., S. 87
219 Zit. nach: Ulrich Conrads, Editorial des Themenhefts „Bedeutsame Gärten", Daidalos, Nr. 46, 15. Dezember 1992, S. 25
220 Marcuse, Herbert, Triebstruktur und Gesellschaft. Ein philosophischer Beitrag zu Sigmund Freud, Frankfurt am Main 1965, S. 221
221 Seitter, Walter, Zur Ökologie der Destruktion, in: Aisthesis. Wahrnehmung heute oder Perspektiven einer anderen Ästhetik, hg. von Karlheinz Barck, Peter Gente, Heidi Paris und Stephan Richter, Leipzig 1990, S. 411ff
222 Seiter, a.a.O., Lévi-Strauss zitierend, S. 422
223 Ebd.
224 de Soto, Hernando, Freiheit für das Kapital. Warum der Kapitalismus nicht weltweit funktioniert, Berlin 2002
225 Arendt, a.a.O., S. 702
226 Arendt, a.a.O., S. 703
227 Ebd.
228 Ebd.
229 Horkheimer, a.a.O., S. 25
230 Arendt, a.a.O., S. 705
231 Arendt, a.a.O., S. 706
232 Ebd.
233 Ein Schlüssel für viele Schlösse. Plan für „registerübergreifende Personenidentifikatoren", in: Neue Zürcher Zeitung, 2. Juli 2002
234 Arendt, a.a.O., S.706
235 Ebd.
236 Arendt, a.a.O., S.706
237 Arendt, a.a.O., S.708
238 Arendt, a.a.O., S.726
239 Arendt, a.a.O., S.711
240 Arendt, a.a.O., S.720
241 Arendt, a.a.O., S.721f
242 Arendt, a.a.O., S.722
243 Vgl. Arendt, a.a.O., S.723
244 Horkheimer, a.a.O., S. 17ff

245 Arendt, a.a.O., S.561
246 Vgl. Arendt, a.a.O., S.718
247 Arendt, a.a.O., S.719
248 Ebd.
249 Arendt, a.a.O., S.720
250 Süddeutsche Zeitung, 2./3. März 2002
251 Arendt, a.a.O., S.729
252 Arendt, a.a.O., S.707
253 Arendt, a.a.O., S.730
254 Forrester, Viviane, Der Terror der Ökonomie, München 1997
255 Arendt, a.a.O., S.675f
256 NZZ am Sonntag, 15. Dezember 2002
257 Arendt, a.a.O., S.727
258 Arendt, a.a.O., S.497
259 Arendt, a.a.O., S.543
260 Arendt, a.a.O., S.665
261 Arendt, a.a.O., S.665f
262 Arendt, a.a.O., S.665
263 Arendt, a.a.O., S.724
264 Arendt, a.a.O., S.652
265 Arendt, a.a.O., S.497
266 Arendt, a.a.O., S.540
267 Arendt, a.a.O., S.552
268 Arendt, a.a.O., S.527
269 Arendt, a.a.O., S.571
270 Arendt, a.a.O., S.562
271 Arendt, a.a.O., S.558
272 Ebd.
273 Arendt, a.a.O., S.573
274 Süddeutsche Zeitung, a.a.O.
275 Ebd.
276 Arendt, a.a.O., S.669f
277 Arendt, a.a.O., S.670
278 Aufrüsten für Telefonüberwachung, in: Tages-Anzeiger Zürich, 5. Dezember 2002
279 Die Polizei auf den Spuren der Surfer, in: Neue Zürcher Zeitung, 31. Mai 2002
280 Die in diesem Abschnitt zusammengetragenen Informationen entstammen verschiedenen Ausgaben der in dieser Arbeit genannten Zeitungen.
281 Arendt, a.a.O., S.670
282 Marcuse, Herbert, Der eindimensionale Mensch. Studien zur Ideologie der fortgeschrittenen Industriegesellschaft, Neuwied und Berlin 1970, S. 29

283 Arndt, Olaf, Der falsche Schlaf. Bausteine zu einer Mythologie der Polizei im 21. Jahrhundert, in: Lettre International, Nr. 61, Sommer 2003, S. 8-15

284 Bulletin. Magazin der Eidgenössischen Technischen Hochschule Zürich, Nr. 278, Sept. 2000, Editorial. Vgl. auch Nr. 286, August 2002

285 Tröster, Gerhard, Cyborg 2000. Wenn Computer kleidsam werden, in: Bulletin. Magazin der Eidgenössischen Technischen Hochschule Zürich, Nr. 278, Sept. 2000, S. 10-13; vgl. auch Nr. 286, August 2002, zum Thema „Der perfektionierte Mensch"

286 Baumeler, Carmen, Die Geburt des Cyborgs, in: Bulletin. Magazin der Eidgenössischen Technischen Hochschule Zürich, Nr. 286, August. 2002, S. 8

287 Bulletin. Magazin der Eidgenössischen Technischen Hochschule Zürich, Nr. 278, Sept. 2000, Editorial

288 Zit. nach: „Ich würde jeden Menschen als politischen Flüchtling bezeichnen, der verhungern würde, wenn er nicht wegginge aus seinem Land. Ein Gespräch mit dem Schriftsteller Robert Menasse, in: Blum, Elisabeth und Peter Neitzke, Boulevard Ecke Dschungel. StadtProtokolle, Hamburg 2002, S. 49

Bauwelt Fundamente
(lieferbare Titel)

1 Ulrich Conrads (Hg.), Programme und Manifeste zur Architektur des 20. Jahrhunderts
2 Le Corbusier, 1922 – Ausblick auf eine Architektur
3 Werner Hegemann,1930 – Das steinerne Berlin
12 Le Corbusier, 1929 – Feststellungen
14 El Lissitzky, 1929 – Rußland: Architektur für eine Weltrevolution
16 Kevin Lynch, Das Bild der Stadt
50 Robert Venturi, Komplexität und Widerspruch in der Architektur
53 Robert Venturi, Denise Scott Brown und Steven Izenour, Lernen von Las Vegas
56 Thilo Hilpert (Hg.), Le Corbusiers „Charta von Athen". Texte und Dokumente. Kritische Neuausgabe
73 Elisabeth Blum, Le Corbusiers Wege
83 Christoph Feldtkeller, Der architektonische Raum: Eine Fiktion
85 Ulrich Pfammatter, Moderne und Macht
86 Christian Kühn, Das Schöne, das Wahre und das Richtige. Adolf Loos und das Haus Müller in Prag
90 Gert Kähler (Hg.), Dekonstruktion? Dekonstruktivismus?
92 Adolf Max Vogt, Russische und französische Revolutionsarchitektur 1917 · 1789
100 Magdalena Droste, Winfried Nerdinger, Hilde Strohl, Ulrich Conrads (Hg.), Die Bauhaus-Debatte 1953
103 Franziska Bollerey (Hg.), Cornelis van Eesteren. Urbanismus zwischen „de Stijl" und C.I.A.M.

104 Gert Kähler (Hg.), Einfach schwierig
105 Sima Ingberman, ABC. Internationale Konstruktivistische Architektur 1922-1939
106 Martin Pawley, Theorie und Gestaltung im Zweiten Maschinenzeitalter
107 Gerhard Boeddinghaus (Hg.), Gesellschaft durch Dichte
108 Dieter Hoffmann-Axthelm, Die Rettung der Architektur vor sich selbst
109 Françoise Choay, Das architektonische Erbe: eine Allegorie
112 Gerda Breuer (Hg.), Ästhetik der schönen Genügsamkeit oder Arts & Crafts als Lebensform
113 Rolf Sachsse, Bild und Bau
114 Rudolf Stegers, Räume der Wandlung. Wände und Wege
115 Niels Gutschow, Ordnungswahn
116 Christian Kühn, Stilverzicht. Typologie und CAAD als Werkzeuge einer autonomen Architektur
118 Thomas Sieverts, Zwischenstadt
119 Beate und Hartmut Dieterich, Boden – Wem nutzt er? Wen stützt er?
121 Hans-Eckhard Lindemann, Stadt im Quadrat. Geschichte und Gegenwart einer einprägsamen Stadtgestalt
122 Peter Smithson, Italienische Gedanken – weitergedacht
123 André Corboz, Die Kunst, Stadt und Land zum Sprechen zu bringen
124 Gerd de Bruyn, Fisch und Frosch – oder die Selbstkritik der Moderne
125 Ulrich Conrads (Hg.), Die Städte himmeloffen
126 Werner Sewing, Bildregie. Architektur zwischen Retrodesign und Eventkultur
128 Elisabeth Blum, Schöne neue Stadt
129 Hermann Sturm, Alltag & Kult

Hans Eckhard Lindemann

Stadt im Quadrat

Geschichte und Gegenwart einer einprägsamen Stadtgestalt

Keine andere städtebauliche Form hat die lange europäische Stadtbaugeschichte so geprägt wie im quadratischen Raster geordnete Baublöcke und Straßen. Auch wenn sich die Städte mit der ökonomischen und sozialen Entwicklung rasant verändern – die einprägsame Gestalt der „Stadt im Quadrat" erfüllt nach wie vor die vielfältigen Bedürfnisse einer vitalen Stadtgesellschaft.

232 Seiten, ca. 365 sw-Abbildungen, Broschur
(BF 121) ISBN 3-7643-6369-7
Stadtbaugeschichte/Städtebau

André Corboz

Die Kunst, Stadt und Land zum Sprechen zu bringen

Daß die Texte von André Corboz einen Rhythmus von fast künstlerischem Rang besitzen, liege, vermutet Martin Warnke, an der Präsenz zweier Verfahren: dem einen, das mit Thesen, Vermutungen, Assoziationen arbeitet, und dem andern, das heterogene Elemente und Indizien zu neuen Figurationen verknüpft. Reflexionen, bei denen eine Maxime Hauptrolle spielt: das Risiko.

256 Seiten, 40 sw-Abbildungen, Broschur
(BF 123) ISBN 3-7643-6342-8
Städtebautheorie